KETOGENE ERNÄHRUNG

Leckeres Ketogenes Kochbuch Für Gewichtsverlust

(Kochbuch Für Die Ketogene Diät Mit Nährwertangaben)

Marko Mueller

Published by Knowledge Icon

© **Marko Mueller**

All Rights Reserved

Ketogene Ernährung: Leckeres Ketogenes Kochbuch Für Gewichtsverlust (Kochbuch Für Die Ketogene Diät Mit Nährwertangaben)

ISBN 978-1-990084-87-4

All rights reserved. No part of this guide may be reproduced in any form without permission in writing from the publisher except in the case of brief quotations embodied in critical articles or reviews.

Legal & Disclaimer

The information contained in this book is not designed to replace or take the place of any form of medicine or professional medical advice. The information in this book has been provided for educational and entertainment purposes only.

The information contained in this book has been compiled from sources deemed reliable, and it is accurate to the best of the Author's knowledge; however, the Author cannot guarantee its accuracy and validity and cannot be held liable for any errors or omissions. Changes are periodically made to this book. You must consult your doctor or get professional medical advice before using any of the suggested remedies, techniques, or information in this book.

Upon using the information contained in this book, you agree to hold harmless the Author from and against any damages, costs, and expenses, including any legal fees potentially resulting from the application of any of the information provided by this guide. This disclaimer applies to any damages or injury caused by the use and application, whether directly or indirectly, of any advice or information presented, whether for breach of contract, tort, negligence, personal injury, criminal intent, or under any other cause of action.

You agree to accept all risks of using the information presented inside this book. You need to consult a professional medical practitioner in order to ensure you are both able and healthy enough to participate in this program.

Table of Contents

Die ketogene Ernährung – für jeden geeignet? 1

Für wen empfiehlt sich ketogene Ernährung? 2

Die ersten Schritte zur ketogenen Ernährung 4

Was ist Ketose? 8

Ist Ketose messbar? 10

Die Vorteile der ketogenen Ernährung 12

Weiße Schoko-Mandel-Protein-Shake 16

Schaschlick vom Grill 17

Dienstag - Frühstück 17

Tofugeschnetzeltes mit Austernpilzen 20

Randloses Zwei-Käse-Quiche 22

Schweine-Gechnetzeltes 25

Keto Käse und Zwiebel Quiche 27

Hähnchen mit Kräutern Soße 29

Donnerstag – Abendessen 31

Übersicht pro Portion 33

Pilzomelettes mit Schnittlauchröllchen 35

Steak mit Kräuterkruste und geröstetem Rosenkohl.. 37

Koriander-Lachs 38

Sonntag- Mittagessen 40

- Zucchini-Thunfisch-Boote 41
- Buttermilchwaffeln mit Dinkel 43
- Keto Cracker mit Sonnenblumenkerne 44
- Spinat-Bananen Smootie in Mandelmilch 46
- Gekochtes Huhn mit Reis 47
- Zutaten für Keto-Hähnchen-Auflauf 48
- Übersicht pro Portion 50
- Zucchinisalat mit Cashewkernen 53
- Frühstück Rezepte 55
- Avocado Breakfast 58
- 4-Mexikanische Frühstückspfanne 60
- Breakfast-Pancake 62
- Ketogener Auberginenfächer Tomate-Mozzarella 63
- Samstag – Frühstück 65
- Übersicht pro Portion 66
- Folgende Zutaten benötigst du für 4 Personen: 67
- Spinat-Avocado-Smoothie 69
- Fischcurry mit Koriander und Joghurt 71
- Kitschig Ranch Kartoffeln 73
- Anweisungen 73
- Honig-Quark mit Mandeln 74
- Kokosmilch 75

11-Apfel Zimt Protein Riegel 76

Ketogenes Porridge.. 78

Ketogene Pizzarolle mit Rucola 79

Hausgemachte Mayonnaise (4 Portionen) 81

Gegrillter Schwertfisch mit Kräutermarinade............ 82

Spinat mit Lachs... 83

Frühstücks-Lasagne.. 85

6-Lammkeule in Minze... 88

Fladenbrot 90

Ketogener Gemüsetopf mit Pesto-Dip 92

Heidelbeer-Smoothie (2 Portionen) 94

Frühstück Burrito 95

Mittagessen 96

Pfifferling-Auflauf mit Gemüse 98

Pizza... 100

Blumenkohl-Hackfleisch-Auflauf 103

Low Carb Brot 105

Mandel-Brot 106

Ketogener Tofu mit Nusskruste und Avocadocreme 108

Keto Kokosnussbrot 111

Keto Getreide 112

Auberginen Seeteufel Spießchen 114

Eier Hackpfanne 116

8-Hähnchenbrustfilet mit Rosenkohl 118

Gurkensalat mit Lachs 120

Keto Chicken Salat (4 Portionen) 121

Käse-Sahne-Pfannkuchen 123

Gegrillter Schwertfisch mit Kräutermarinade 124

Thunfisch-Salat 125

Keto Blumenkohl mit Eier und Poblano Paprika (2 Portionen) 127

Low Carb Protein-Pancakes 129

Peri-Peri saftige Hähnchensalat 131

Low Carb Curry Chicken 132

Ketogenes Butter – Brot 134

ketogenes Vanilleeis mit Beerengrütze 135

Pancakes 136

Pikante Spinat-Muffins 137

Avocado mit Füllung 140

Thunfisch-Salat mit Avocado 141

Gegrillter Fisch mit Zucchini und Pesto (4 Portionen) 143

Selbstgemachte Mayonnaise für 4 Portionen 145

Low Carb Schokocreme 146

Nussiger Joghurt (Vegetarisch) 147
Rinderfilet mit Cäsar Salat... 148
Thunfisch und Avocado Bites 150

Die ketogene Ernährung – für jeden geeignet?

Auch wenn sich das alles bisher durchweg positiv anhört und Sie vielleicht bisher den Eindruck haben, dass die ketogene Ernährung auch für Sie eine gute Wahl sein könnte, gibt es einige Einschränkungen. Denn die ketogene Ernährung ist leider nicht für Jeden anwendbar. Personen mit Vorerkrankungen der Gallenblase, bestimmten Stoffwechselstörungen oder Herzproblemen sollten auf die radikale Ernährungsumstellung verzichten. Wenn Sie sich nicht sicher sind, ob Sie die ketogene Ernährung anwenden dürfen oder eine unsichere Krankengeschichte haben, sollten Sie sich von Ihrem behandelnden Arzt beraten lassen. Dieser kann Ihnen sicher sagen, ob eine ketogene Ernährung in Ihrem individuellen Fall möglich beziehungsweise empfohlen ist.

Für wen empfiehlt sich ketogene Ernährung?

Soweit es keine gesundheitlichen Bedenken gibt, die Sie von der Umstellung auf eine ketogene Ernährung abhalten, können Sie direkt mit der Ernährungsumstellung beginnen. Besonders empfehlenswert ist die ketogene Ernährung für Personen, die effektiv Gewicht verlieren wollen. Dank der gesteigerten Fettverbrennung ist eine gezielte Gewichtsreduktion relativ schnell und dauerhaft möglich.

Außerdem ist die ketogene Ernährungsweise für alle geeignet, die einen starken Willen und ein gutes Durchhaltevermögen haben. Vor allem zu Beginn der Ernährungsumstellung kann die veränderte Lebensweise mit Nebenwirkungen verbunden sein und Ihnen schwerfallen – wer da nicht willensstark ist, fällt schnell in alte Verhaltensmuster zurück!

Menschen mit Grunderkrankungen wie Epilepsie, Diabetes oder chronischen Schmerzen, Migräne oder Demenz können von einer ketogenen Ernährung profitieren. An dieser Stelle ist aber noch einmal der Hinweis wichtig, dass vor Beginn der Ernährungsumstellung auf jeden Fall ein Arzt aufgesucht werden sollte. Dieser kann Sie individuell beraten und Ihnen sagen, ob er eine ketogene Ernährung für sinnvoll hält.

Wenn Sie sich bisher nach dem Essen oft müde und abgeschlagen fühlen, kann die ketogene Ernährung Ihnen ebenfalls helfen. Menschen, die sich allgemein oft schlapp fühlen, können durch die neue Ernährung ihr Wohlbefinden oft allgemein deutlich verbessern.

Die ersten Schritte zur ketogenen Ernährung

Wenn Sie sich dazu entscheiden, sich ketogen zu ernähren, passieren in kurzer Zeit verschiedene Schritte in Ihrem Körper:

1. Zunächst wird durch die veränderte Nahrungsaufnahme der Blutzuckerspiegel gesenkt und auf einem konstant niedrigen Niveau gehalten. Damit entfällt jedoch die für den Körper bisher so wichtige Energiequelle der Glukose, die bisher vor allem über kohlenhydrathaltige Lebensmittel aufgenommen wurde.

2. In Folge der drastischen Reduzierung von Glukose als Energielieferant ist der Körper gezwungen, sich nach alternativen Energiequellen umzusehen.

3. Der Körper beginnt damit, Fett als Energiequellen umzusetzen und Ketonkörper zu produzieren. Diese Moleküle tragen zum Energiestoffwechsel bei und führen den Körper in den Zustand der sogenannten Ketose.

Um diesen Prozess voranzutreiben und den Körper in den Zustand der Ketose zu führen, müssen Sie mindesten drei Viertel der täglich aufgenommenen Kalorien aus Fetten gewinnen. Nur so wird der Zustand der Ketose nach der Umstellung des Stoffwechsels auch dauerhaft aufrechterhalten. Die Aufnahme von Kohlenhydraten und Zuckern muss dagegen auf ein Minimum reduziert werden, damit der Körper nicht die Möglichkeit hat, aus diesen Quellen Energie zu gewinnen.

Der Einstieg in die ketogene Ernährung sollte nicht im Haurruck-Verfahren von einem Tag auf den anderen durchgeführt werden. Oft kann der Körper mit der radikalen Ernährungsumstellung nicht umgehen und äußert sich in Nebenwirkungen. Das ist vor allem dann der Fall, wenn die Ernährung vorher eher ungesund und unausgewogen gewesen ist. Wenn Sie der Meinung sind, dass Sie den Umstieg auf die ketogene Ernährung gut bewältigen können, haben wir einen praktischen Plan erstellt, mit dessen Hilfe Sie sich in nur drei Tagen auf die neue Lebensweise vorbereiten können:

Tag 1:

Am ersten Tag müssen Sie Ihre Kohlenhydratspeicher leeren. Das bedeutet, dass alle Quellen für die neuerliche Zufuhr von Kohlenhydraten radikal aus der Ernährung gestrichen werden. Obst, Nudeln, Säfte und andere der bisher genutzten Energielieferanten sind ab jetzt Tabu. Stattdessen sollten Sie am ersten Tag das Essen zu etwa einem Drittel aus hochwertigen

Proteinen und zu zwei Dritteln aus grünem Gemüse zusammensetzen. Außerdem sollten Sie das Essen mit einigen Löffeln Kokosöl ergänzen. Um die letzten Kohlenhydratreserven zu verbrauchen, empfiehlt sich in den Abendstunden ein ausgiebiges Sportprogramm, bei dem Sie sich mit Krafttraining an die Leistungsgrenzen bringen. Erst wenn Sie wirklich erschöpft sind, haben Sie die Energiespeicher ausreichend geleert.

Tag 2:

Um den Körper in den Zustand der Ketose zu bringen, müssen Ketonkörper generiert werden. Diese bilden sich, wenn dem Körper keine Energiequellen mehr zur Verfügung stehen. Durch den Entzug der Kohlenhydrate gerät der Körper in den Ketonkörper generierenden Zustand, den Sie erreichen wollen. Am zweiten Tag beginnen Sie am besten mit einem leichten Ausdauertraining, um den Stoffwechsel in Schwung zu bringen. Die Ernährung sollte an diesem Morgen aus Eiern als Proteinlieferanten, Öl, Weidebutter und Gurke bestehen. Abends können Sie sich wieder ein leckeres Gericht aus grünem Gemüse und hochwertigen Proteinen sowie Kokosöl zusammenstellen. Ihr Körper wird nun beginnen,

Ketonkörper zu bilden und in den Zustand des Hungerstoffwechsels zu wechseln.

Tag 3:

Am dritten Tag der Ernährungsumstellung geht es darum, die Ketose zu verstärken und den Körper in diesem Zustand zu halten. Die erneute externe Zuführung von Kohlenhydraten würde dazu führen, dass Sie in den alten Stoffwechsel zurückfallen. Deswegen empfiehlt es sich, zwischen den Mahlzeiten vier bis fünf Stunden zu pausieren und morgens nur einen Butterkaffee mit ÖL und Weidebutter zu trinken. Abends können Sie wieder Proteine und grünes Gemüse zubereiten – langsam gewöhnen Sie sich an die neue Ernährungsweise.

Was ist Ketose?

Im Zuge der in der Leber stattfindenden „Ketose" werden je zwei Moleküle des Zwischenprodukts des Fettsäureabbaus, der sogenannten „aktivierten Essigsäure", zu je einem „Ketonkörper" zusammengesetzt. Oft werden diese auch „Ketokörper" genannt. Sie ermöglichen die Energieversorgung des Gehirns und der Muskeln, ohne Zufuhr von Kohlenhydraten durch Nahrung.

Bei einer Ketose steigt also der Spiegel an Ketonkörpern im Blut an.

Und was hat die Gluconeogenese nun damit zu tun?

Etwa 80% des Bedarfs kann durch Ketose gedeckt werden. Die restlichen 20% werden mit Glukose aus unterschiedlichen Quellen gewonnen. Ein Ausgangsstoff ist das, vor allem körpereigene, Eiweiß.

Bei der Gluconeogenese wird aus Aminosäuren (die bei der Verarbeitung von Eiweiß entstehen), Glycerin (die bei der Verarbeitung von Fetten entstehen) und anderen Substraten Glucose gemacht. Sie werden von der Leber zu Glucose zusammengesetzt, welche dann zur Energieversorgung zur Verfügung steht.

Das Gehirn und die Muskeln sind also trotzdem

versorgt.

Ist Ketose messbar?

Wenn Sie jemand sind, der unbedingt Schwarz auf Weiß bestätigt haben muss, dass etwas tatsächlich funktioniert, um beruhigt zu sein, können Sie nun aufatmen. Es gibt einen Weg, festzustellen, ob Sie sich bereits in einer Ketose befinden.

Es gibt heutzutage 3 Wege, Ketose nachzuweisen:

Über den Urin

Hinweis: Diese Form der Messung eignet sich nur für den Anfang, um zu schauen, ob sich denn schon eine Ketose eingestellt hat.

Zu Beginn wird überschüssiges Acetoacetat (eine Art von Ketonkörpern) über Nieren und Blase ausgeschieden, welches dann natürlich gemessen werden kann. Es gibt Teststreifen, auf die man uriniert.

Über das Blut

Es werden für diesen Test Blutzuckermessgeräte verwendet, denn diese können neben dem Blutzuckerspiegel auch den Keton – Wert bestimmen. Dabei konzentriert sich das Gerät auf die Ketonkörper der Art „Beta – Hydroxibutyrat". Es handelt sich um die sicherste Methode, Ketose nachzuweisen.

Über den Atem

Bei dieser Variante der Messung geht es um den Gehalt der Ketonkörper – Art „Aceton" in der Atemluft. Bei dieser Messform muss die Ketose aber schon sehr fortgeschritten sein, um wirklich genaue Werte zu bekommen.

Alle genannten Produkte sind auf Amazon, in manchen Drogerie – Märkten sowie in Apotheken erhältlich.

Die Vorteile der ketogenen Ernährung

Sie kurbelt Ihre Fettverbrennung an

Einen positiven Punkt konnten Sie sicher schon dem bisherig Geschriebenen entnehmen. Eine ketogene Ernährung bietet dem Körper natürlich die Möglichkeit, verstärkt auf die Fettverbrennung zu setzen. Wobei er natürlich irgendwann keine andere Wahl mehr hat.

Gesundheit

Natürlich soll hier gesagt sein, dass die ketogene Ernährung kein Wundermittel ist, weshalb sie auch keine Heilung bringen kann. Jedoch Linderung von Symptomen und somit eine bessere Lebensqualität mit der Erkrankung. Und das ist schon viel Wert.

Es wurden bereits mehrere Studien zum Thema „Ketose und Epilepsie" durchgeführt. Heraus kam, dass der Zustand der Ketose das Anfall - Leiden der Betroffenen stark mildern kann. Ebenso wird die Funktion des Gehirns anscheinend stabilisiert.

In Bezug auf Demenz, Parkinson, Multiple Sklerose und andere neurodegenerativen Erkrankungen (jedoch ist MS keine reine neurodegenerative Krankheit, sondern es finden entzündliche und neurodegenerative Prozesse gleichzeitig statt) gab es auch schon Erkenntnisse, die durchaus erwähnenswert sind. So kann sich die schützende Wirkung der Ketose auf das zentrale Nervensystem sowie die gegen oxidativen Stress (hoher Anfall von schädigenden freien Radikalen bzw. aggressiven Sauerstoffverbindungen) in der Behandlung von Betroffenen immer mehr Beachtung erfreuen.

Autoimmunerkrankungen, wozu beispielsweise auch

der entzündliche Part der MS gehört, können alle möglichen Organe betreffen. Es handelt sich um chronisch entzündliche Prozesse, wobei Antikörper gegen körpereigene Stoffe gebildet werden.

Dazu gehören z.B. Diabetes Typ 1, Zöliakie (Glutenunverträglichkeit), Rheuma, Morbus Crohn und Hashimoto (Schilddrüsenerkrankung aus dem Bereich der Überfunktion). Das sind bei weitem nicht alle Autoimmunerkrankungen, jedoch ein paar Beispiele. Listen aller Erkrankungen, die in diesen Bereich fallen, finden Sie im Internet.

Linderung kann Ketose in der Hinsicht schaffen, dass sie die Eigenschaft hat, Entzündungen zu hemmen. Des weiteren wird durch die ketogene Ernährung der Spiegel des Stoffes Glutathion (eine Verbindung von Aminosäuren) welcher im Immunsystem seine Aufgabe hat, erhöht, wodurch dessen entgiftende Wirkung ebenfalls erhöht wird. Und für Betroffene dieser Art von Erkrankungen ist ein Mangel an Glutathion typisch.

Diabetes Typ 2 entsteht ja meist durch Übergewicht oder durch auf Dauer an Zucker reiche Ernährung allgemein. Der Verzicht auf Kohlenhydrate beinhaltet natürlich den Verzicht auf Zucker, womit sich dieser Punkt schon von selbst erklärt. Eine Gewichtsabnahme bei (starkem) Übergewicht und somit erhöhtem Risiko, an Diabetes Typ 2 zu erkranken, bewirkt natürlich ebenfalls eine Senkung dieses Risikos.

Die sogenannte „Insulinresistenz" (die Zellen reagieren nicht mehr richtig auf die Schlüsselfunktion des Insulins), welche bei einer zuckerlastigen Ernährung auf Dauer entstehen kann, kann so natürlich ebenfalls zurückgedrängt werden.

Krebszellen lieben Glucose. Sie könnten sich darin wälzen und würden sich dabei pudelwohl fühlen. Sie ernähren sich von Zucker. Wenn also weniger davon im Körper ist, können diese bösartig mutierten Zellen ausgehungert werden. Schon vor etwa 30 Jahren gab es Studien, die zeigten, wie durch ketogene bzw. kohlenhydratarme – oder freie Ernährung bösartige Tumore zurückgingen und die Chancen für Krebspatienten gesteigert wurden.

Weiße Schoko-Mandel-Protein-Shake

Zutaten:

16 Unzen von Mandelmilch (ungesüßt)
4 Unzen schwere Creme
2 Kugeln Vanille-Molke-Pulver (Marke je nach Belieben)
1 Esslöffel weißer Schoko-Sirup (Wählen Sie die kostenlose Variante von Zucker)
½ Tasse zerstoßenes Eis

Anfahrt:

1. Legen Sie alle Zutaten: in einen Mixer geben. Puls, bis es glatt wird.
2. Fahrt nach 2 Gläser. Mit einem Freund trinken und genießen!

Schaschlick vom Grill

Zutaten
500g Fleisch (Rind oder Schwein)

100g Speck, geräuchert

250 ml Milch

1 Gemüsezwiebel

1 EL Tomatenmark

Salz, Pfeffer und Essig

Das Fleisch zuerst in kleine Stücken schneiden. Danach das Tomatenmark, etwas Salz, Pfeffer und Essig zu einer Paste verrühren und das Fleisch von allen Seiten damit bestreichen. In eine Schüssel legen, die Milch hinzufügen und über Nacht in den Kühlschrank stellen.

Speck und Zwiebeln so schneiden, dass man sie auf Spieße ziehen kann. Das Fleisch, den Speck und die Zwiebeln auf die Spieße ziehen und wenn nötig noch einmal nachwürzen.

Danach auf den Grill legen - Guten Appetit!

Dienstag - Frühstück

Zutaten für Keto-Käse-Röllchen
50 g Cheddar Käse oder Provolone Käse oder Edamer Käse in Scheiben

15 g Butter

Zubereitung
1. Legen Sie die Käsescheiben auf ein großes Schneidebrett. Butter mit einem Käsehobel schneiden oder mit einem Messer sehr dünne Stücke schneiden.
2. Bedecken Sie jede Käsescheibe mit Butter und rollen Sie sie auf.
3. Zusätzlich kann man auch noch Paprikapulver, gehackte Petersilie oder andere frische Kräuter nehmen.

Übersicht pro Portion
Netto Kohlenhydrate: 2% (2 g)
Faser: 0 g
Fett: 83% (31 g)
Protein: 15% (13 g)
kcal: 335
Frühstück: Gefüllte Avocado mit Ei
Zubereitungszeit: 20 Minuten

2 Portionen

Zutaten:

1 Avocado

2 Eier

Salz

Pfeffer

Zubereitung:

1. Den Backofen auf 180 Grad vorheizen (Umluft).
2. Avocado halbieren und entkernen.
3. Avocado-Hälften in eine Auflaufform setzen.
4. Pro Hälfte 1 Ei aufschlagen und in die Kernmulde der Avocado füllen.
5. Mit Pfeffer und Salz würzen.
6. 20 Minuten backen, dekorieren und servieren.

Um den Fettanteil zu erhöhen, kann man die Avocados zusätzlich mit Nacho-Sauce beträufeln.

1 Portien = ½ Avocado

Nährwertangaben pro Portion:

204 kcal/4g Kohlenhydrate/20g Fett/7g Protein

Tofugeschnetzeltes mit Austernpilzen
Zutaten für 4 Portionen:

- 20 g Tofu
- Salz
- Pfeffer
- 2 EL Limettensaft
- ½ TL Currypulver
- 2 EL Sojasauce
- 4 EL Olivenöl
- 40 g Austernpilze
- 1 EL Mehl
- 100 g Créme Fraîche
- 3 EL Weißwein
- Muskatnuss
- Cayennepfeffer
- 1 Frühlingszwiebel

Zubereitung:

1. Tofu in Streifen schneiden und mit Salz und Pfeffer würzen.
2. Limettensaft mit Curry und Sojasauce mischen und die Tofustreifen darin etwa 15 Minuten marinieren.
3. Austernpilze putzen, feucht abreiben, klein schneiden und in 2 EL heißem Öl schmoren.
4. Mehl über Pilze stäuben und anrösten.

5. Créme Fraîche und Wein hinzufügen und unterrühren.
6. Mit Muskat und Cayennepfeffer würzen und 8 Minuten köcheln.
7. Tofustreifen abtropfen lassen und im restlichen Öl in einer zweiten Pfanne knusprig braten.
8. Unter die Pilzmischung heben.
9. Frühlingszwiebel waschen, trocknen und in Ringe schneiden.
10. Gericht auf Teller verteilen und mit den Frühlingszwiebelröllchen garnieren.
11. Dazu nach Packungsanweisung gegarten Langkornreis servieren.

Randloses Zwei-Käse-Quiche

Einfach und direkt, dieses leichte, randloses Quiche vereint den süßen Geschmack von Münster mit Colby Käse und karamellisierten Zwiebel als einfache, cremige Füllung!

Vorbereitungszeit: 10 Minuten
Kochzeit: 50 Minuten

Portionen: 12

Zutaten:

- 3 Tassen Münster Käse, zerkleinert
- 1 große Zwiebel, klein geschnitten
- 2 Tassen Schlagsahne
- 3 Tassen Colby Käse, zerkleinert
- 2 Teelöffel Thymian, getrocknet
- 2 Esslöffel Organische Butter, vorzugsweise geweidet
- 1 Teelöffel Meeressalz
- 12 große Eier, organisch
- 1 Teelöffel Schwarzer Pfeffer gemahlen

Zubereitungsmethode:

1) Beginne damit den Ofen auf 180 Grad Celsius vorzuheizen.

2) Erhitze danach eine mittelgroße Pfanne auf mittelgroßer Hitze und füge Butter hinzu.
3) Sobald die Butter geschmolzen ist, vermische die Zwiebel und den getrockneten Thymian in die Pfanne und koche es für 2 bis 3 Minuten oder bis die Zwiebelmischung weich und durchsichtig geworden ist.
4) Füge als nächstes Butter in zwei tiefe, runde Pfannen und füge 1 ½ Tassen von jeder Käseart in die Pfannen.
5) Verteile die Zwiebelmischung gleichmäßig über die Käseschicht in beiden Pfannen.
6) Verquirle nun zwölf Eier in einer großen Schüssel mit Schlagsahne und gemahlenem Pfeffer, bis diese gut miteinander vermischt sind und eine schaumige Masse ergeben.
7) Verteile danach jeweils die Hälfte in die Pfannen und kombiniere danach mit Hilfe einer Gabel diese leicht mit der Käse- und Eimischung.
8) Backe diese nun für 23 bis 25 Minuten oder bis dieses eine leicht goldene Farbe in der Mitte erhalten haben.
9) Entferne diese aus dem Ofen und lege sie auf einen Teller.
10) Serviere es heiß oder lass es für einige Zeit abkühle und bewahre es für später auf.
Tipp: Dieses Rezept ist gefrierfreundlich und kann bis zu zwei Wochen im Gefrierschrank aufbewahrt werden.

Nährwertangaben:

- ☐ Kalorien – 382 kcal
- ☐ Fett – 33gm
- ☐ Kohlenhydrate – 5gm
- ☐ Eiweiß – 16gm
- ☐ Ballaststoffe– 1gm

Schweine-Gechnetzeltes

Zutaten für 2 Personen

Zutaten

- 350 g Schweinefleisch geschnetzelt
- 300g frische Champignons
- 1 Eßlöffel Butaris
- 50 g Crème fraîche
- 100 g Schlagsahne
- 10 g Gorgonzola
- < 1 g Abrieb von einer unbehandelten Orange

Zubereitung

Schweinefleisch mit Butaris in einer Pfanne scharf anbraten.

Die halbierten Champignons mit in die Pfanne geben.

Nach belieben mit Pfeffer und Salz würzen.

Nach 1-2 Minuten den Herd auf kleine Stufe herunterstellen. Die Sahne, Créme fraich, den Gorgonzola und die abgeriebene Orangenschale (wichtig: nur das orangene und nicht das weiße mit abreiben).

Das ganze nun noch für ca. 10 Minuten auf kleiner Flamme köcheln lassen (mit Deckel).

Nährwerte

4350KJ

1039kcal

75,6g Fett

5g KH

90,3g EW

Keto Käse und Zwiebel Quiche

Zutaten:

- 3 Teelöffel getrockneten Thymian

- 2 Teelöffel gemahlenen schwarzen Pfeffer

- ½ Teelöffel Salz

- 3 Tassen Sahne

- 10 große Eier

- 1 große weiße Zwiebel (gehackt)

- 2 Esslöffel Butter

- 6 Tassen geriebenen Colby Jack Käse (man kann auch Cheddar Käse verwenden)

Zubereitung:

- Heize den Backofen auf 175°C vor. In der Zwischenzeit schmelze die Butter, füge die Zwiebeln hinzu und brate alles bis es weich und durchsichtig ist. Nehme die Mischung von der Hitze und kühle sie für 5 Minuten ab.

- Gieße die Butter in eine Quicheform. Gebe 2 Tassen des geriebenen Käses in die Form und füge die Hälfte der Zwiebelmischung auf die Käseschicht.

- Schlage die Eier auf und gebe sie in eine große Schüssel. Füge die Gewürze und die Sahne hinzu und schlage die Mischung schaumig.

- Gebe die Mischung in die Form.

- Füge die andere Hälfte der Zwiebelmischung in die Form. Verteile die Zwiebeln und den Käse in der Mischung mit einer Gabel.

- Gebe die Form in den Ofen und backe sie für 25 bis 30 Minuten.

- Teile die Quiche in gleich große Stücke. Sie kann kalt oder warm serviert werden.

Hähnchen mit Kräutern Soße

Zutaten:

- 4 (4 Unzen) Stücke halbiert ohne Knochen und ohne Haut Hähnchenbrust
- ½ Teelöffel Pfeffer
- ½ TL Salz
- 2 Esslöffel Olivenöl (geteilt)
- 2 El Butter (geteilt)
- 1 EL gehackte frische Petersilie
- 1 Esslöffel gehackter Schnittlauch
- 1 TL Dijon-Senf
- 1 TL gehackter frischer Basilikum
- 2 Teelöffel frischer Limettensaft
- ½ Tasse Wasser

Anfahrt:

(1) zwischen zwei Blatt Wachspapier legen Sie die Hähnchenbrust. Glätten Sie die Hähnchenbrust mit einem Holzhammer, gleichmäßig. Bestreuen Sie beide Seiten der Flatten Hähnchenbrust mit Salz und Pfeffer.

(2) in einer Antihaft-Pfanne erhitzen Sie 1 Esslöffel Olivenöl und 1 El Butter. Die Hähnchenbrüste bei mittlerer bis hoher Hitze für ca. 5 bis 7 Minuten auf jeder Seite anbraten. Vom Herd nehmen und warm halten.

3. kombinieren Sie die restlichen Olivenöl, restliche Butter, frische Petersilie, Schnittlauch, Dijon-Senf, frischem Basilikum, Limettensaft und Wasser, um das Schmalz. Rühren Sie, bis die Butter komplett geschmolzen ist. Über die Hühnerbrüste dienen. Viel Spaß!

Donnerstag – Abendessen

Zutaten für Keto Pizza
Teig

2 Eier

100 g geschredderter Käse, vorzugsweise Mozzarella oder Provolon

Belag
1½ EL Tomatenmark

½ Teelöffel getrockneter Oregano

75 g geschredderter Käse

20 g Peperoni

Oliven

Zum Servieren
75 g Blattgemüse

2 EL Olivenöl

Meersalz und gemahlener schwarzer Pfeffer

Zubereitung

1. Den Ofen auf 200 ° C vorheizen.
2. Beginnen Sie mit dem Pizzateig. Knacken Sie das Ei in eine mittelgroße Schüssel und fügen Sie den zerkleinerten Käse hinzu. Und gut vermischen.

3. Den Käse-Eier Teig auf das Backpapier was auf dem Backblech ausgelegt ist, gut verteilen
4. Für 15 Minuten im Ofen backen lassen, bis die Pizzakruste goldbraun wird. Entfernen und für ein oder zwei Minuten abkühlen lassen.
5. Erhöhen Sie die Ofentemperatur auf 225 ° C.
6. Das Tomatenmark auf den Pizza-Keto-Teig verteilen und Oregano darüber streuen. Mit Käse belegen und die Peperoni und die Oliven darauf legen.
7. Für weitere 5-10 Minuten backen lassen oder bis die Pizza eine goldbraune Farbe hat.
8. Mit einem frischen Salat servieren.

Übersicht pro Portion

Netto Kohlenhydrate: 3% (8 g)
Faser: 3 g
Fett: 76% (90 g)
Protein: 21% (55 g)
kcal: 1069
Champignoncremesuppe
Zubereitungszeit: 30 Minuten

4 Portionen

Zutaten:

300g frische Champignons

1 Zwiebel

8 El Butter

4 El Sojamehl

800 ml Gemüsebrühe

250 ml Sahne

Salz

Pfeffer

frische Petersilie

Zubereitung:

1. Champignons waschen und in kleine Stücke schneiden.
2. Zwiebel in feine Würfel schneiden.
3. Gemüsebrühe zum Kochen bringen.
4. Die Hälfte der Butter in einem separaten Topf zerlassen und die Zwiebeln und Pilze in der Butter dünsten.
5. In einem anderen Topf die restliche Butter zerlassen und das Sojamehl untermischen. Nach und nach die Gemüsebrühe hinzufügen und alles einige Male kurz aufkochen lassen bis eine cremige Konsistenz entsteht, dann langsam die Pilze und die Zwiebel unterheben.
6. Die Petersilie dazu mischen und die Suppe nach Belieben würzen. Alles noch 2-3 Minuten köcheln lassen, dann servieren.

Nährwertangaben pro Portion:
480kcal/4,5g Kohlenhydrate/47g Fett/11g Protein

Pilzomelettes mit Schnittlauchröllchen

Zutaten für 4 Portionen:

- 400 g Champignons
- 1 EL Rapsöl
- 1 Knoblauchzehe
- 8 Eier
- 100 ml Milch
- Salz
- Pfeffer
- ½ Bund Schnittlauch
- 4 EL Créme Fraîche

Zubereitung:

1. Die Champignons putzen, feucht abreiben, vierteln und in erhitztem Rapsöl goldbraun braten.
2. Knoblauchzehe schälen, hacken und mitbraten.
3. ¾ der Mischung aus der Pfanne nehmen.
4. Eier mit der Milch verquirlen, salzen und pfeffern.
5. ¼ der Eiermilch über die Pilze in der Pfanne gießen und bei mittlerer Temperatur etwa 8 Minuten stocken lassen.
6. In den letzten 3 Minuten mit einem Deckel abdecken.
7. Das fertige Omelett warm stellen und 3 weitere backen.

8. Währenddessen Schnittlauch waschen, trocken tupfen und in Röllchen schneiden.
9. Die fertigen Omelettes mit je 1 EL Créme Fraîche und einem Viertel der Schnittlauchröllchen servieren.

Steak mit Kräuterkruste und geröstetem Rosenkohl

Zutaten:

- 1 Teelöffel Salbei

- 1 Teelöffel Oregano

- 1 Teelöffel Olivenöl

- 2 ½ Pfund Lendensteak

- ½ Tasse Rosenkohl (halbiert)

- 1 Teelöffel getrockneten Rosmarin

- 2 Scheiben Speck

- Fenchelsamen zur Dekoration

Zubereitung:

- Heize den Ofen auf 175°C vor.

- Gebe in einen Mixer Salbei, Oregano und Olivenöl. Vermische es zu einer Paste.

- Verteile die Paste über dem Steak, rolle es ein und sichere es mit mehreren Zahnstochern so dass diese nicht aufgehen kann.

- Gebe den Rosenkohl und das Fleisch in eine große Pfanne und brate es für 40 Minuten bis es durch ist. Verziere es mit den Fenchelsamen.

Koriander-Lachs

Zutaten:

4 (6 Unzen) Stück Lachsfilets
2 gehackte Knoblauchzehen
½ TL gemahlener Koriander
2 Teelöffel frischer Limettensaft
2 Teelöffel Olivenöl
2 gehackte Knoblauchzehen
½ TL Salz
¼ TL Pfeffer

Anfahrt:

(1) in einer kleinen Schüssel, kombinieren, Koriander, Salz und Pfeffer. Die Lachsfilets streuen.
(2) in einer Antihaft-Pfanne Kochen Sie den Lachs in Olivenöl ca. 4 Minuten auf jeder Seite bei mittlerer Hitze. Knoblauch und Limettensaft zugeben. Die Hitze reduzieren und die Pfanne abdecken. Kochen Sie für ca. 3 bis 5 Minuten oder bis der Fisch leicht mit einer Gabel als Flocken.

Sonntag- Mittagessen

Zutaten für Italienische Keto-Platte
200 g frischer Mozzarella-Käse

200 g Prosciutto, in Scheiben geschnitten

2 Tomaten

75 ml Olivenöl

10 grüne Oliven

Prise Salz und Pfeffer

Zubereitung

Tomaten, Schinken, Käse und Oliven auf einen Teller legen. Mit Olivenöl servieren und mit Salz und Pfeffer abschmecken.
Übersicht pro Portion

Netto Kohlenhydrate: 4% (8 g)
Faser: 3 g
Fett: 77% (69 g)
Protein: 19% (40 g)
kcal: 822

Zucchini-Thunfisch-Boote

Zubereitungszeit: 15 Minuten

2 Portionen

Zutaten:

2 Zucchini

150 gThunfisch (in Wasser/Dose)

200 g Tomaten

12 g Zwiebel

70 g Cheddar (geschreddert)

1 Knoblauchzehe

Salz

Pfeffer

Zubereitung:

1. Die Zutaten für die Zucchini-Thunfisch-Boote zusammenstellen.
2. Den Ofen auf 180 Grad vorheizen (Umluft).
3. Die Zucchini längs in zwei Hälften schneiden, die Kerne entfernen und aushöhlen.

4. Mit Salz und Pfeffer würzen und beiseite stellen.
5. Thunfisch abtropfen lassen.
6. Tomaten, Zwiebeln und Knoblauch klein schneiden.
7. Alle Zutaten in die Zucchini-Boote verteilen.
8. Mit Käse überstreuen und 20 Minuten im Ofen fertig backen.
9. Die Zucchini-Thunfisch-Boote sind nun servierfertig.

Nährwertangaben pro Portion:
291kcal/9g Kohlenhydrate/13g Fett/32g Protein

Buttermilchwaffeln mit Dinkel

Zutaten für 4 Portionen:
- 125 g weiche Butter
- 4 Eier
- 250 g Dinkelmehl
- 2 TL Backpulver
- 350 ml Buttermilch
- 50 g Zucker
- 1 Prise Salz
- Zucker und Zimt oder Früchtequark zum Servieren
- Fett für das Waffeleisen

Zubereitung:
1. Die Butter mit den Eiern schaumig schlagen.
2. Das Dinkelmehl mit dem Backpulver mischen und abwechselnd mit der Buttermilch unter die Eimasse rühren.
3. Zum Schluss den Zucker und 1 Prise Salz in den Teig rühren und das Waffeleisen aufheizen.
4. Das Waffeleisen einfetten und aus dem Teig nach und nach goldgelbe Waffeln backen.
5. Fertige Waffeln ggf. im Ofen warmhalten.
6. Mit Zucker und Zimt oder Früchtequark servieren.

Keto Cracker mit Sonnenblumenkerne

Diese Cracker mit Sonnenblumenkerne sind besonders leicht und knusprig und stellen gleichzeitig eine langanhaltende Energiequelle dar!

Vorbereitungszeit: 5 Minuten

Kochzeit: 45 Minuten

Portionen: 6
Zutaten:

- 1 Tasse Sonnenblumenkerne, geschält
- ¼ Tasse Wasser
- ½ Tasse Parmesan Käse, gerieben

Zubereitungsmethode:

1) Beginn damit, den Ofen auf 160 Grad Celsius vorzuheizen.
2) Lege als nächstes die Sonnenblumenkerne und den Parmesankäse in eine Küchenmasche und zerkleinere alles, bis es eine feine Masse darstellt.
3) Füge dazu nun Wasser und verrühre es erneut, bis ein klebriger Teig entsteht.
4) Nimm als nächstes ein Backblech mit Backpapier und platziere den klebrigen Teig darauf gleichmäßig.
5) Lege ein weiteres Stück Backpapier auf den Teig.

6) Danach kannst du den Teig mit Hilfe eines Nudelholzes zu einer dünnen Schicht rollen. (Umso dünner diese ist, umso besser.)
7) Entferne nun das obere Backpapier und schneide die Schicht in kleiner Stücke mit Hilfe eines Pizzaschneiders, um Cracker zu erhalten.
8) Backe diese nun im Ofen für 27 bis 30 Minuten oder bis diese leicht braun geworden sind.
9) Sobald dies passiert ist, entferne das Backpapier von der Unterseite und lasse die Cracker für einige Zeit abkühlen.
10) Bewahre diese in einem trockenen Behälter auf.

Tipp: Wenn du sie knuspriger möchtest, kannst du mehr Sonnenblumenkerne auf das obere des Teigs hinzufügen, bevor du diese in den Ofen schiebst.

Nährwertangaben:

- ☐ Kalorien – 150 kcal
- ☐ Fett – 12g
- ☐ Kohlenhydrate – 3,9g
- ☐ Eiweiß – 7,5
- ☐ Ballaststoffe– 2,1g

Spinat-Bananen Smootie in Mandelmilch

Zutaten:

- 1 Esslöffel Erdnussbutter

- 1 Tasse ungezuckerte Mandelmilch

- 5 Eiswürfel

- 3 Tassen Spinat

- ½ Stück gefrorene Banane

Zubereitung:

- Gebe in einen Mixer alle Zutaten und vermische sie zu einer glatten Flüssigkeit.

- Gebe den Smoothie in ein Glas und serviere ihn.

Gekochtes Huhn mit Reis

Zutaten:

- ½ Pfund Reis
- Geeignet zum Kochen von Geflügel
- Salz und Pfeffer
- 1 Ei
- Butter
- Geriebener Käse

Zubereitung:

1. Schneiden Sie das Huhn und Kochen Sie, bis es zart ist.

2. Waschen Sie den Reis und lassen es kommen zum Kochen und kochen ein paar Minuten in Salzwasser blanchieren.

3. Beenden von gekochtem Geflügel in der Brühe kochen.

4. Kochen sie nicht zu lang oder es werden matschig.

5. die Brühe ein wenig zu einem Zeitpunkt sicher sein, dass der Reis nicht zu nass ist, wenn es fertig ist.

(6) mit Käse und Butter würzen Sie und das Eigelb um es zu binden, so wie sie vom Feuer genommen wird.

(7) dienen Sie als einen Rahmen um das Geflügel.

Mittwoch – Abendessen

Zutaten für Keto-Hähnchen-Auflauf

75 ml Schlagsahne oder saure Sahne

30 g Esslöffel grünes Pesto

125 ml Saft aus einer Zitrone

300 g Hühnerbrust

1 EL Butter

150 g Blumenkohl

1 / 3 Lauch

40 g Kirschtomaten

75 g geschredderter Käse

Prise Salz und Pfeffer

   Zubereitung
1. Den Ofen auf 200 ° C vorheizen.
2. Sahne (oder Sauerrahm) mit Pesto und Zitronensaft vermischen. Mit Salz und Pfeffer abschmecken.
3. Die Hähnchenschenkel mit Salz und Pfeffer würzen und in Butter braten, bis sie goldbraun werden.
4. Legen Sie das Huhn in eine eingefettete Backform und gießen Sie die Crememischung hinein.
5. Den Lauch und die Kirschtomaten kleinschneiden, den Blumenkohl in kleine Blättchen schneiden und in die Backform geben.

6. Den Käse darüber streuen und mindestens 30 Minuten in der Mitte des Ofens backen oder bis das Hähnchen fertig gegart ist.

Übersicht pro Portion

Netto Kohlenhydrate: 3% (6 g)
Faser: 2 g
Fett: 75% (56 g)
Protein: 21% (36 g)
kcal: 675

Keto Schoko Cheesecake

Zubereitungszeit: 45 Minuten

12 Portionen

Zutaten:

Kuchenboden

300 g Haselnüsse, gemahlen

60 g Butter, weich

3 TL Erythrit

1 Prise Salz

Kuchen-Belag

400 g Mascarpone

200 g Edelbitter-Schokolade, 99 % Kakao

6 TL Erythrit

70 g Butter (weich)

50 ml Sahne

Topping

150 ml Sahne

Deko/Verfeinern

Kakaonibs

Kakaopulver

Zubereitung:

1. Stellen Sie alle Zutaten zusammen und heizen Sie den Ofen vor (180 Grad Umluft)

Kuchenboden

1. Vermischen Sie Butter, die gemahlenen Haselnüsse, Salz und Erythrit miteinander und kneten Sie daraus einen Kuchenteig.
2. Legen Sie eine Springform (24 cm) mit Backpapier aus
3. Verteilen Sie den Teig gleichmäßig in der Form, drücken Sie ihn flach und formen Sie einen 1 cm hohen Rand.

4. Den Kuchenboden 15 Minuten im Ofen backen.

Kuchen-Belag

1. Mascarpone erwärmen und verflüssigen
2. Schokolade im Wasserbad schmelzen
3. Die restlichen Zutaten für den Kuchenbelag mit Mascarpone und Schokolade vermengen

Fertig stellen
1. Die Masse auf dem Kuchen verteilen und den Schoko-Cheesecake 2 Stunden im Kühlschrank kalt stellen.
2. Anschließend Sahne für das Topping steif schlagen und auf dem Schokokuchen verteilen.
3. Mit Kakaopulver und Kakaonibs verfeinern und servieren

Nährwertangaben pro Portion:
520kcal/5g Kohlenhydrate/51g Fett/8g Eiweiß

Zucchinisalat mit Cashewkernen

Zutaten für 4 Portionen:

- 4 Zucchini (ca. 800 g)
- Salz
- Pfeffer
- 10 EL Olivenöl
- 4 Tomaten
- 2 Frühlingszwiebeln
- 1 Bund Thymian
- 100 g Cashewkerne
- 1 Kopf Radicchio
- 4 EL Balsamico Essig

Zubereitung:

1. Zucchini waschen, trocknen, putzen und in Scheiben schneiden.
2. In 3 EL Öl kurz anbraten.
3. Dann aus der Pfanne nehmen und auf Küchenkrepp abtropfen lassen.
4. Tomaten waschen, von den Stielansätzen befreien, mit kochendem Wasser überbrühen, häuten, entkernen und das Fruchtfleisch würfeln.
5. Frühlingszwiebeln waschen, trocknen, putzen und in Ringe schneiden.

6. Thymian waschen, trocknen, die Blättchen abzupfen, einige Blättchen beiseitelegen, den Rest hacken.
7. Cashewkerne in einer Pfanne ohne Fett rösten.
8. Radicchio waschen, putzen, trockenschleudern und die Blätter auf Teller verteilen.
9. Zucchinischeiben und Tomatenwürfel mit den Frühlingszwiebeln darauflegen.
10. Aus Thymian, restlichem Olivenöl, Balsamico, Salz und Pfeffer ein Dressing zubereiten und über den Salat geben.
11. Cashewkerne darüber streuen.
12. Mit den beiseitegelegten Thymianblättchen garniert servieren.

Frühstück Rezepte

Kleie-Muffins

Zutaten:

6 Tassen Müsli, alle Kleie

2 Tassen kochendes Wasser

4 große Eiern, geschlagen

3 Tassen Milch, 2 %

1 Tasse Olivenöl

4 Tassen Mehl, Vollkorn

1 Tasse Sojamehl, gerührt

3 TL Backpulver

5 Teelöffel Backpulver

1 ½ Tassen Zucker

1 Teelöffel Salz

Anfahrt:

1. Backofen Sie auf 400 Grad F.

2. in einer großen Schüssel fügen Sie kochendes Wasser hinzu, Getreide.

(3) für ein paar Minuten stehen lassen.

4 Eiern, Milch und Öl hinzufügen. Gut verrühren und beiseite stellen.

(5) in einer anderen Schüssel mischen Sie Mehl, Backpulver, Natron, Zucker und Salz.

6. vermischen Sie die beiden Schalen. Verrühren Sie den Teig gut.

Tomaten-Eier-Salat mit Schnittlauchröllchen

Zutaten für 4 Portionen:

- ☐ 500 g Tomaten
- ☐ 1 Bund Schnittlauch
- ☐ 5 hart gekochte Eier
- ☐ Saft von 1 Zitrone
- ☐ 3 EL Sonnenblumenöl
- ☐ Senf
- ☐ Salz
- ☐ Pfeffer
- ☐ 2 EL frisch gehackter Kerbel zum Garnieren

Zubereitung:

1. Tomaten waschen, Stielansätze entfernen, Früchte mit kochendem Wasser überbrühen, häuten, entkernen und das Fruchtfleisch würfeln.
2. Schnittlauch waschen, trocken tupfen und in Röllchen schneiden.
3. Die Eier schälen und achteln.
4. 4 Eier in einer Schüssel mit den Tomaten und dem Schnittlauch mischen.
5. Zitronensaft, Sonnenblumenöl, Senf, Salz und Pfeffer verrühren und über den Salat geben.
6. Mit dem restlichen geachtelten Ei und dem frisch gehackten Kerbel garniert servieren.

Avocado Breakfast

Zutaten:

1 Bio Ei
2 Scheiben **Bacon**
1 EL **Butter**
1 **Avocado**

Zubereitung:

1. Avocado teilen und Kern entfernen.
2. Dann Avocado schälen und in dünne Streifen schneiden.
3. Avocado kann dann – nach Belieben – zu einer Blume gerollt und auf einen Teller gelegt werden.
4. Pfanne mit Butter auf dem Herd erhitzen.
5. Bacon in die heiße Pfanne geben.

6. Wenn der Bacon knusprig ist, aus der Pfanne nehmen und auf ein Küchenpapier legen.
7. Ei vorsichtig in die Pfanne schlagen.
8. Wenn das Ei durchgebraten ist, herausnehmen und auf den Teller zur Avocado geben.
9. Nun noch den Bacon dazulegen.
10. Nach Belieben mit gehackter Petersilie dekorieren.

4-Mexikanische Frühstückspfanne

Zutaten

2EL Schmalz
1Zwiebel, fein gehackt
80g grüne Paprika, in Scheiben
240g Zucchini, gehackt
150g Tomaten, in Würfel
340g Chorizo
140g frischer Spinat
4Eier
Salz und Pfeffer
150 g Avocado
frischer Koriander

Zubereitung

Kochzeit: ca. 20 Min

Schmalz in eine Bratpfanne erwärmen.
Zwiebel hinzufügen und für ca. eine Minute anbraten lassen.
Grüne Paprika in die Pfanne geben und alles zusammen mischen.
Zucchini und Tomaten dazu geben und alles weiter anbraten.
Chorizo hinzugeben und alles miteinander vermischen.
Spinat hinzugeben und alles noch zusammen ca. 2-3 Minuten anbraten lassen.
Zwei kleine Mulden in der Pfanne vorbereiten und in jede ein Ei hinzugeben.
Mit Salz und Pfeffer verfeinern und 4-5 Minuten auf dem Herd belassen.
Mit den Avocado-Würfel und dem frischen Koriander verzieren.

Breakfast-Pancake

Zubereitungszeit: 10 Minuten

Zutaten für 2 Portionen

- 85 g Frischkäse
- 3 Bio-Eier
- Low Carb-Apfelmus

Zubereitung

1. Aus Frischkäse und Eiern einen Teig verrühren.
2. Den Teig in 2 Portionen in einer Pfanne mit etwas Öl von beiden Seiten ausbacken.
3. Die Pfannkuchen auf Teller geben und mit je 1 Klecks Apfelmus servieren.

Ketogener Auberginenfächer Tomate-Mozzarella

Zutaten für zwei Personen

2 Auberginen

2 Tomaten mittelgroß

1 Mozzarella-Käse

2 EL Olivenöl

1 Prise Salz

Ital. Kräuter

Zubereitung

Zunächst heizt du den Backofen auf 150º C vor.

Dann schneidest du die Auberginen fächerförmig ein und salzt sie.

Folgend schneidest du die Tomaten und den Mozzarella klein, und steckst diese abwechselnd in die Auberginenfächer.

Auf jede Mozzarella Scheibe legst du ein Blatt Basilikum und würzt sowohl den Käse als auch die Tomaten mit Kräutern.

Dann legst du alles in eine gefettete Form und pinselst es mit Olivenöl ein.

Die Auberginen-Fächer lässt du dann 40 Minuten im Backofen (Ober/Unterhitze) fertig garen.

Nährwertangabe für das Rezept

Kcal	Kohlenhydrate	Eiweiß	Fett
225	11 g	16 g	13 g

Samstag – Frühstück

Zutaten für Spiegelei mit Speck

2 Eier

35 g Speck, in Scheiben geschnitten

Kirschtomaten (optional)

frische Petersilie (optional)

Zubereitung
1. Den Speck in einer Pfanne bei mittlerer Hitze knusprig braten. Auf einen Teller legen. Lassen Sie das Fett in der Pfanne.
2. In der gleichen Pfanne das Spiegelei anbraten.
3. Die Kirschtomaten halbieren und gleichzeitig anbraten.
4. Mit Salz und Pfeffer abschmecken.

Übersicht pro Portion

Netto-Kohlenhydrate: 2% (1 g)
Faser: 0 g
Fett: 75% (22 g)
Protein: 23% (15 g)
kcal: 272

Lachs mit Soße Béarnaise und Brokkoli

Brokkoli gehört nicht gerade zu dem beliebtesten Gemüse. Vollkommen zu unrecht. Ist er gut zubereitet, schmeckt er einfach köstlich, hat wenige Kohlenhydrate und ist sehr gesund.

Folgende Zutaten benötigst du für 4 Personen:

4 Lachsfilets (ca. 500g)

2 Köpfe Brokkoli

100g Spinat

7 Esslöffel Olivenöl

4 Eigelbe

1 Zitrone

2 Schalotten

150g Butter

Salz und Pfeffer

Zubereitung (Dauer etwa 40 Minuten):

1. Den Ofen auf 180 Grad vorheizen. Den Brokkoli waschen und klein teilen. Danach auf einen Backblech in den Ofen schieben und dort garen.

2. Olivenöl in der Pfanne erhitzen und den Lachs darin von allen Seiten anbraten. Nicht zu lange, denn der Lachs sollte noch nicht gar sein. Nun den Lachs zu dem Brokkoli in den Ofen geben und fertig garen.

3. Den Spinat in einer Pfanne einfach erhitzen. Das dauert nur ein paar Minuten, denn der Spinat fällt nach kurzer Zeit zusammen.

4. Nun die Soße Béarnaise zubereiten. Das erfordert ein bisschen Fingerspitzengefühl. Zunächst die Zitrone auspressen, danach die Schalotten schälen und in kleine Stücke zerteilen. Eigelb, Zitronensaft, Salz, Pfeffer und die Schalotten in den Mixer geben. Nun die Schalotten zerkleinern. Jetzt die Butter vorsichtig schmelzen. Den Ofen dabei nicht zu hochschalten, denn die Butter soll nicht verbrennen. Den Mixer auf kleine Stufe schalten und die zerlassene Butter langsam zu der Mischung geben. Die Soße dickt langsam ein.

5. Danach holst du den Lachs und den Brokkoli aus dem Ofen und richtest alles zusammen mit der Sauce auf einen Teller an.

Spinat-Avocado-Smoothie

Zubereitungszeit: 10 Minuten

1 Portion

Zutaten:

½ mittelgroße Avocado (ca. 75 g)

15 g Spinat

120 ml ungesüßte Kokosmilch

150 ml Wasser

1 TL Vanilleextrakt

1 EL Kokosöl oder MCT-Öl

5 Tropfen flüssiges Stevia

Optional: 1 TL Matcha Pulver (Grüntee-Extrakt)

Zubereitung:

1. Die Avocado halbieren und den Kern entfernen.
2. Alle Zutaten in den Mixer geben, ein paar Eiswürfel hinzufügen und gut durchmixen.
3. Smoothie in ein Glas füllen und kalt genießen.

Nährwertangaben pro Portion:
278kcal/9g Kohlenhydrate/27g Fett/1g Protein

Fischcurry mit Koriander und Joghurt

Zutaten für 4 Portionen:

- 750 g Heilbuttfilet
- Saft von 1 Zitrone
- 1 Knoblauchzehe
- 1 EL Butter
- ½ Bund frisch gehackter Koriander
- 1 TL Kurkuma
- 2 TL Curry
- 1 EL Kokosmilch
- 6 Tomaten
- 150 g Joghurt
- Salz
- Pfeffer

Zubereitung:

1. Fischfilet waschen, trocken tupfen und in mundgerechte Stücke schneiden.
2. Mit Zitronensaft beträufeln.
3. Knoblauchzehe schälen und fein hacken.
4. Butter in einem Topf erhitzen und Knoblauch darin schmoren.
5. Koriander, Gewürze sowie Kokosmilch dazugeben und 3 Minuten mitschmoren.

6. Tomaten waschen, trocknen, Stielansätze entfernen, häuten, entkernen und halbieren.
7. In den Topf geben.
8. Alles weiter 5 Minuten schmoren.
9. Joghurt unterrühren und erhitzen.
10. Fischstücke in die Sauce geben und abgedeckt etwa 10 Minuten darin garen.
11. Mit Salz und Pfeffer abschmecken.

Kitschig Ranch Kartoffeln

Zutaten:

kleine rote Kartoffeln 2 lb

1 (8 oz) Paket Frischkäse, weich

1 (10 3/4 oz) kann Sahne-Kartoffel-Suppe

1 Umschlag Ranch Salatdressing mischen

1 c. geschreddert Cheddar-Käse

Anweisungen

1. Reinigen Sie die Kartoffeln und in Viertel schneiden

(2) mit einer großen Schüssel Suppe, Salat-Dressing und Frischkäse kombinieren dann den geriebenen Käse unterrühren.

3. Fügen Sie die Kartoffeln auf einem langsamen Kocher und Kartoffeln übergießen Sie die Frischkäse-Mischung.

4. Stellen Sie den slow Cooker auf die niedrigen Decken und kochen für 7 bis 8 Stunden, bis die Kartoffeln weich sind.

Honig-Quark mit Mandeln

Zutaten für 4 Personen:

- ☐ 400 g Magerquark
- ☐ 125 ml Milch
- ☐ 2 EL Honig
- ☐ abgeriebene Schale von ½ unbehandelten Limette
- ☐ 2 EL gemahlene Mandeln
- ☐ 1 Prise gemahlene Vanille
- ☐ 4 EL Sahne

Zubereitung:

1. Den Magerquark mit der Milch, dem Honig und der abgeriebenen Limettenschale cremig rühren.
2. Die gemahlenen Mandeln und die gemahlenen Vanille unterrühren.
3. Zum Schluss die Sahne steif schlagen und unter den Quark heben.
4. Sofort servieren.

Kokosmilch

Zutaten:

300 g **Kokosraspeln**
1 l **Wasser**

Zubereitung:

1. Topf mit Wasser auf dem Herd erhitzen.
2. Mixer bereitstellen.
3. Wasser, kurz bevor es kocht, in den Mixer umfüllen.
4. Kokosflocken ebenfalls in den Mixer geben.
5. Wasser mit Raspeln für mindestens 5 Minuten gründlich durchmixen.
6. Wenn das Ganze langsam dickflüssig wird, die Kokosmilch durch einen Nussmilchbeutel filtern, damit keine festen Stücke in der Milch sind.

11-Apfel Zimt Protein Riegel

Zutaten
4 Eier
1 Tasse gemahlene Pekannüsse
52g Kokosfett
¼ Tasse gefriergetrocknete Äpfel
2 TL Zimt
1 TL Vanille Extrakt
10 Drops flüssig Stevia

Zubereitung
Kochzeit: ca. 25 Min
1-Den Backofen auf 180°C vorheizen.
2-Die Nüsse in den Mixer geben, sofern es keine gemahlenen Pekannüsse gibt und so ganz fein mahlen.
3-Eier, Kokosfett, Vanille, Stevia und Zimt in einen Rührbecher geben und alles ganz vermischen.
4-Nüsse und die getrockneten Äpfel hinzugeben und alles miteinander vermischen.5-Den Teig in eine Pfanne

geben und für 25 Minuten backen lassen.
12-Low-Carb-Müsli mit Bananen

Ketogenes Porridge

Zubereitungszeit: 15 Minuten

Zutaten für 2 Portionen

- ½ Vanilleschote
- 35 g Kokosraspeln
- 80 g Kokosmehl
- 65 ml Sahne
- 400 ml Wasser
- 1 Bio-Ei
- Flüssiger Honig

Zubereitung

Die Vanilleschote längs aufschlitzen und das Mark herauslösen.
Das Mark mit Kokosraspeln, Kokosmehl, Sahne und Wasser in einen Topf geben und aufkochen. Dann unter Rühren 3-4 Minuten auf mittlerer Hitze kochen lassen.
Den Topf vom Herd nehmen und das Ei zügig unter das Porridge rühren. Kurz erhitzen und mit Honig süßen.

Ketogene Pizzarolle mit Rucola

Zutaten für zwei Personen

180 g Edamer Käse geschreddert

180 g Quark (40% Fett)

60 g Passierte Tomaten

1 Scheibe gekochter Schinken

2 Stangen Frühlingszwiebel

10 g Rucola

Salz

Pfeffer

Zubereitung

Als ersten Schritt bereitest du alle Zutaten für die Pizzarollen vor

Folglich heizt du den Ofen auf 180 C (Umluft) vor und legest ein Backpapier auf ein Backblech

Dann knetest du Quark, Eier und 2/3 von dem Edamer Käse in einer Küchenmaschine zu einem Teig

Den Teig streichst du dann auf dem Backpapier aus und lässt ihn etwa 10 Minuten backen

In der Zwischenzeit kannst du die Frühlingszwiebeln in kleine Ringe schneiden, ebenso wie den Kochschinken, welchen du in Stücke schneidest

Nun zerpflückst du den Rucola, würzt die Tomaten mit Salz und Pfeffer und streichst dann die Tomatensauce auf den Teig auf dem Backblech

Jetzt legst du noch den Kochschinken und die Zwiebeln auf den Teig, streust den restlichen Edamer darüber und lässt den Teig weitere 10 Minuten im Ofen backen

Zu guter Letzt nimmst du das Blech aus dem Ofen, lässt es 2 Minuten abkühlen, verteilst dann den Rucola darüber, rollst alles vorsichtig auf und wickelst es fest in eine Alu-Folie (so lassen sich leichter Stücke schneiden)

Nährwertangabe für das Rezept

Kcal	Kohlenhydrate	Eiweiß	Fett
479	6 g	35 g	36 g

Hausgemachte Mayonnaise (4 Portionen)

Zutaten
1 Eigelb

1 EL Dijon-Senf

240 ml Avocado Öl oder leichtes Olivenöl

2 TL Weißweinessig oder Zitronensaft

Zubereitung
Mischen Sie Ei und Senf mit einem Stabmixer (oder Handmixer) und fügen Sie das Öl langsam hinzu. Die Mayonnaise wird dadurch dickflüssiger, weiter mischen, bis das gesamte Öl hinzugefügt wurde und die Mayonnaise fest ist.
Essig oder Zitronensaft dazu geben gut vermischen und mit Salz und Pfeffer abschmecken und ggf. nachwürzen und etwas mehr Essig oder Zitronensaft dazu geben.
Die Mayonnaise vor dem Servieren im Kühlschrank aufbewahren. Dies ermöglicht die Entwicklung des Geschmacks und gibt der Mayonnaise Zeit, dicker zu werden.

Übersicht pro Portion
Netto-Kohlenhydrate: 0% (0,2 g)
Faser: 0 g
Fett: 99% (58 g)
Protein: 1% (1 g)

kcal: 520

Gegrillter Schwertfisch mit Kräutermarinade

Zutaten für 4 Portionen:
- 1 Bund Dill
- 1 Bund Kerbel
- 4 EL Öl
- 2 EL Zitronensaft
- 4 Schwertfischsteaks (á 250 g)
- frisch gehackter Thymian zum Servieren

Zubereitung:
1. Dill und Kerbel waschen, trocken schütteln und die Blättchen hacken.
2. Mit Öl und Zitronensaft verrühren.
3. Schwertfischsteaks waschen, trocken tupfen und in der Marinade etwa 1 Stunde einlegen.
4. Fisch aus der Marinade nehmen, abtropfen lassen und unter dem heißen Grill von jeder Seite etwa 4 Minuten grillen.
5. Mit gehacktem Thymian bestreut servieren.
6. Dazu passt geschmortes Gemüse.

Spinat mit Lachs

Zutaten:

1 (5-Unzen) Lachsfilet, gekocht

1 Tasse Blattspinat

½ Tasse rote Trauben

¼ Tasse geraspelte Möhren

1 Esslöffel geschnittene Mandeln

1 Esslöffel getrocknete cranberries

Zutaten: in eine Schüssel geben und genießen.

Crepes mit Pistazien und Ahornsirup

Zutaten für 4 Portionen:

- ☐ 2 Eier
- ☐ 125 g Mehl
- ☐ 250 ml fettarme Milch
- ☐ 1 EL Zucker
- ☐ ½ Päckchen Vanillezucker
- ☐ 75 g gehackte Pistazien
- ☐ 1 Prise Salz

- ☐ 2-3 EL Butter
- ☐ Ahornsirup zum Bestreichen
- ☐ gehackte Pistazien zum Garnieren

Zubereitung:

1. Die Eier trennen.
2. Das Mehl mit Eigelb, fettarmer Milch, Zucker, Vanillezucker und gehackten Pistazien zu einem glatten Teig verarbeiten und abgedeckt ca. 20 Minuten ruhen lassen.
3. Anschließend das Eiweiß mit 1 Prise Salz steif schlagen und unter den Teig heben.
4. In einer Pfanne mit Butter nacheinander 8 dünne Crêpes backen.
5. Die fertigen Crepes mit Ahornsirup bestreichen und mit gehackten Pistazien garnieren.

Frühstücks-Lasagne

Zutaten:

900 g Eier (entspricht ca. 18 Stück)
40 g Butter
400 g Bratwurst (grob)
400 g Frischkäse
350 ml Rinderbrühe
100 g gekochter Schinken
100 g Speck
125 g geriebener Parmesan
125 g Mozzarella
1 TL **Salz**
½ TL **Pfeffer**

Zubereitung:

1. Backofen vorheizen auf 160° Umluft.
2. Pfanne mit etwas Fett auf dem Herd erhitzen.
3. Rührschüssel bereitstellen.
4. Alle Eier in die Schüssel aufschlagen.
5. Eimasse gründlich verrühren.
6. Danach ½ der Eimasse in die Pfanne geben und stocken lassen.
7. Nach 3 – 4 Minuten die Flamme kleiner schalten.
8. Eimasse mit Salz und Pfeffer abschmecken.
9. Wenn die Masse gestockt ist, vorsichtig aus der Pfanne nehmen und auf einem Teller beiseite legen.
10. Die zweite Hälfte der Eimasse ebenfalls auf diese Art stocken lassen.
11. Pfanne wieder auf dem Herd erhitzen.
12. Bratwurstbrät aus der Pelle in die Pfanne drücken.
13. Die Masse dann ca. 5 Minuten braten.
14. Dabei gelegentlich umrühren.
15. Sodann den Frischkäse zugeben und gründlich verrühren.
16. Nun die Brühe hinzugeben.
17. Pfanne weiter erhitzen und die Wurst-Frischkäse-Mischung ca. 2 Minuten kochen lassen.
18. Die Masse sollte dabei leicht eindicken.
19. Mit Salz und Pfeffer abschmecken.
20. Auflaufform holen und gründlich einfetten.
21. Als Unterstes wird die Eimasse eingelegt.
22. Dann die Wurst-Mischung darauf verteilen.
23. Schinken über die Wurst-Mischung legen.

24. Dann die 2. Eimasse darauf setzen und wiederum mit der Wurst-Mischung bedecken.
25. Nun den restlichen Schinken darauf legen.
26. Mozzarella in Scheiben schneiden.
27. Käse-Scheiben über dem Schinken verteilen.
28. Abschließend mit Parmesan bedecken.
29. Auflaufform für ca. 30 Minuten in den Ofen geben.
30. Fertig ist die Lasagne.
31. Abkühlen lassen und zum Frühstück verzehren.

6-Lammkeule in Minze

Zutaten

1 Lammkeule
1 Bündel Minze
Prise Salz
Prise Pfeffer
Etwas Öl
1 Knolle Knoblauch
1 EL Zitronensaft
Einige Stiele Rosmarin

Zubereitung

Kochzeit: ca. 4-5 Stunden

1-Zunächst ein backofentaugliches Gefäß bereitstellen und gleichzeitig den Backofen mit der Flächengrillfunktion vorheizen.
2-Das Gefäß mit grobem Meersalz und Pfeffer ausstreuen und Öl dazu gießen
3-Die Lammkeule mit dem Zitronensaft einreiben.
4-Reichlich Minze zerkleinern und in das Gefäß geben. Danach die ganze Vermischung aus Minze, Öl, Salz und Pfeffer miteinander vermischen.
5-Die Lammkeule mit der Minzmischung einreiben und im vorgeheizten Backofen backen lassen.
6-Den Knoblauch nehmen, zerkleinern und mit der Minzmischung gut vermischen. Danach noch mit etwas Zitronensaft begießen.
7-Die angebratene Lammkeule aus dem Backofen herausholen und mit der Minzmischung in die Auflaufform geben.
8-Die Minzmarinade gut auf der Lammkeule verteilen und noch einmal in den Ofen geben. Den Ofen auf Ober-/Unterhitze umstellen und die Temperatur auf 130 Grad anpassen.
9-Die Garzeit liegt zwischen 4-5 Stunden.

Fladenbrot

Zubereitungszeit: 55 Minuten

Zutaten für 6 Fladen

- 175 g Sesammehl
- 75 g Mandelmehl
- 30 g Chiasamen
- 30 g Flohsamenschalen
- 2 TL Meersalz
- 1 Pck. Weinstein-Backpulver
- 400 g Speisequark
- 4 Bio-Eier
- 50 ml heißes Wasser
- 1 EL Weinessig
- Sesamkörner
- Kartoffelfasern

Zubereitung

1. Die Mehle mit Chiasamen, Flohsamen, Salz und Backpulver vermischen.
2. Den Quark mit Eiern, Wasser und Essig glatt rühren. Die Mischung zum Mehl geben und einen klebrigen Teig kneten.

3. Nun mit feuchten Händen aus dem Teig Fladen formen, die etwa 2-3 cm dick sind. Dann mit Sesam bestreuen und mit Kartoffelfasern bestäuben. Die Fladen nun quellen lassen.
4. In der Zwischenzeit den Backofen auf 180°C Umluft vorheizen.
5. Die Fladen auf ein Backblech legen und etwa 40 Minuten goldbraun backen.

Ketogener Gemüsetopf mit Pesto-Dip

Zutaten für zwei Personen

1 Knoblauchzehe

1 rote Spitzpaprika

4 EL Olivenöl

1 Tasse rote Linsen (ca. 125 g)

2,5 Kugeln vorgekochte rote Bete

Salz

Pfeffer

gemahlener Anis

1 großes Bund glatte Petersilie

1 TL Pinienkerne

1 EL gemahlene Mandeln

Zubereitung

Zunächst ziehst du den Knoblauch ab und schneidest ihn in feine Scheiben. Dann wäscht, putzt und würfelst du den Paprika. Jetzt erhitzt du 1 EL Öl in einem Topf und dünstest den Knoblauch und die Paprika darin. Außerdem gibst du die Linsen hinzu und erhitzt sie unter Rühren kurz. Dies löschst du dann mit zwei Tassen Wasser ab, bringst es zum Kochen und lässt es 3 Minuten köcheln. Zum Schluss schaltest du die Hitze ab und lässt die Linsen 10 Minuten nachgaren.

Jetzt schälst und würfelst du die Rote Bete und gibst sie unter die Linsenmischung. Abgeschmeckt wird dies noch mit Salz, Pfeffer und gemahlenen Anis. Dies alles lässt du dann zugedeckt stehen.

Für das Pesto wäschst du die Petersilie und schneidest die Stiele ab. Die Blättchen gibst du mit Pinienkernen, 3 EL Öl, Salz und Pfeffer in ein hohes Gefäß und pürierst dies. Jetzt gibst du so viel Wasser hinzu, dass eine gleichmäßige Paste entsteht. Zum Schluss hebst du Mandeln unter und schmeckst es nochmals ab. Nun kannst du den Linsentopf mit Pesto und Petersilie servieren.

Nährwertangabe für das Rezept

Kcal	Kohlenhydrate	Eiweiß	Fett
290	12 g	5 g	25 g

Heidelbeer-Smoothie (2 Portionen)

Zutaten

400 g Kokosmilch

125 ml gefrorene Blaubeeren oder frische Blaubeeren

1 EL Zitronensaft

½ TL Vanilleextrakt

Zubereitung
Alle Zutaten in einen Mixer geben und glatt mischen. Die Verwendung von Dosenkokosmilch macht einen cremigeren Smoothie.
Für intensiveren Geschmack einfach etwas mehr Zitronensaft hinzu geben.

Übersicht pro Portion
Netto Kohlenhydrate: 9% (10 g)
Faser: 1 g
Fett: 87% (43 g)
Protein: 4% (4 g)
kcal: 415

Frühstück Burrito

Zutaten:

2 Lavash Wickel

4 Vollei

2 Bund Spinat

1 Tomate, gewürfelt

1 Tasse in Scheiben geschnittenen Champignons geschnitten

1 Knoblauchzehe, gehackt

Salz

Paprika

Kokosnuss-Öl oder Öl Ihrer Wahl.

Zubereitung:

Mischen Sie in einer Schüssel, 4 Eiern, Salz und Pfeffer. Mit einem Schneebesen gut mischen. Während die meisten flauschigere Ei gelangen.

Kochen Sie in einer Pfanne Knoblauch, Spinat, Pilze und Tomaten mit Kokosnuss-Öl.

Kochen Sie in einer beschichteten Pfanne die zuvor verquirlten Ei.

Dann legen Sie die Füllung in Lavash wickeln auf und Rollen. Sichern Sie die Walze mit einem Zahnstocher.

Mittagessen

Ofen pochierte Kabeljau:

Kabeljau ist ein fest, milder Fisch, das ist eine tolle Quelle für Omega-3-Fettsäuren. Es kocht leicht, nimmt die Aromen der anderen Zutaten: leicht, und ist nicht zu teuer, so dass es vor allem Meeresfrüchte-Anfänger geeignet ist. Wenn Sie eine Pfanne Ofen-Safe haben, ist dies eine ein-Topf-Mahlzeit, die für einfache Reinigung macht.

Zutaten:

- 4 (6-Unzen) Kabeljau filets
- 1/2 TL Salz
- 1/2 Teelöffel frisch gemahlener schwarzer Pfeffer
- 1/2 Tasse trockener Weißwein
- 1/2 Tasse Meeresfrüchte oder Gemüse Lager
- 2 Knoblauchzehen, fein gehackt
- 1 Lorbeerblatt
- 1 TL gehackter frischer Salbei
- 4 Rosmarin Zweige zum garnieren

Heizen Sie den Backofen auf 375° F.

Jedes Filet mit Salz und Pfeffer würzen und in eine große ofenfeste Pfanne oder Backform legen. Fügen Sie den Wein, Lager, Knoblauch, Lorbeerblatt, und Salbei und Abdeckung. Backen Sie, bis die Fische leicht mit einer Gabel, ca. 20 Minuten Flocken.

Das Filet aus der Pfanne entfernen mit einem Spatel. Ort der Wilderei Flüssigkeit über hoher Hitze und kochen, unter häufigem Rühren, bis um die Hälfte, ca. 10 Minuten reduziert. (Dies in einem kleinen Topf wenn Sie eine Backform verwendet.)

Zu dienen, ein Filet auf jeden Teller legen und mit der reduzierten Wilderei Flüssigkeit beträufeln.

Garnieren Sie jeweils mit einem Zweig frischer Rosmarin.

Zutaten für 4 Personen.

Pfifferling-Auflauf mit Gemüse

Zutaten für 4 Portionen:

- [ ] 500 g Pfifferlinge
- [ ] Salz
- [ ] 1 Aubergine
- [ ] 1 Knoblauchzehe
- [ ] 3 EL Öl
- [ ] 1 Lauchstange
- [ ] 3 Fleischtomaten
- [ ] 200 ml Gemüsebrühe
- [ ] 2 Eier
- [ ] 150 g Gouda
- [ ] Fett für die Form

Zubereitung:

1. Pfifferlinge putzen, waschen und in wenig Salzwasser etwa 5 Minuten dünsten.
2. Abgießen und abtropfen lassen.
3. Aubergine waschen, trocknen, putzen und 15 Minuten ziehen lassen.
4. Knoblauchzehe schälen, hacken und im erhitzen Öl andünsten.
5. Die Lauchstange waschen, trocknen, putzen und in Ringe schneiden, die Fleischtomaten waschen, putzen und würfeln.

6. Nacheinander alles mitsamt den Pfifferlingen zum Knoblauch geben und unter Rühren 3 Minuten schmoren.
7. Backofen auf 180°C (Umluft 160°C) vorheizen und eine Auflaufform einfetten.
8. Die Gemüsebrühe angießen, alles aufkochen und vom Herd nehmen.
9. Etwas abkühlen lassen.
10. Die Eier verquirlen und unterheben.
11. Alles in die Auflaufform füllen.
12. Den Gouda darüber streuen und etwa 25 Minuten überbacken.

Pizza

Zutaten:

Für den Pizzaboden:
1 ½ mittelgroße Zucchini, (geraspelt und mit 1 TL Meersalz ca. 15 Minuten mariniert)
170 g geriebener Parmesan
1 EL getrockneter **Oregano**
1 TLgetrocknetes **Basilikum**
1 großes Ei, verquirlt

Für den Belag:
240 ml Tomaten- oder Pizzasauce (aus Glas oder Tetra)
1 mittelgroße gelbe Tomate, in 3 mm dünne Scheiben geschnitten

1 Mozzarella-Kugel (ca. 125 g), in 3 mm dünne Scheiben geschnitten
1 kleine Handvoll Basilikumblätter

Zubereitung:

Backofen vorheizen auf 260 ° bis 280 ° Umluft.
Backblech in den Ofen geben zum Heißwerden.
Zucchini zunächst raspeln und in Schüssel geben.
1 TL Salz über die Raspel streuen und 15 Minuten ziehen lassen.
Dann die Zucchini gründlich per Hand ausdrücken.
Danach in Küchenpapier wickeln und nochmal so fest als möglich auspressen.
Die Zucchini, den Parmesan, Oregano und Basilikum in eine Schüssel geben und vermengen.
Nun das Ei in einer Tasse aufschlagen und verquirlen.
Das gequirlte Ei nun über die Zucchini Masse geben und das Ganze mit den Händen gründlich vermischen.
Wenn alles gut vermischt ist, das heiße Blech vorsichtig aus dem Ofen nehmen.
Die Zucchini-Ei-Mischung dann auf dem heißen Blech verteilen.
Das Blech nun erneut vorsichtig in den Ofen geben und ca. 11 Minuten backen.
Der Boden sollte dann goldbraun sein.
In der Zwischenzeit die Tomate waschen und in dünne Scheiben schneiden.

Den Mozzarella aus der Packung nehmen, abtropfen lassen und in dünne Scheiben schneiden.
Nun wieder das Blech mit dem Boden vorsichtig aus den Ofen nehmen.
Sodann die Tomaten- oder Pizzasoße darauf verteilen.
Darauf dann die Tomaten- sowie die Mozzarella Scheiben verteilen.
Jetzt nochmal alles in den Ofen geben und weitere ca. 4 Minuten backen.
Der Käse sollte geschmolzen und etwas gebräunt sein.
Fertige Pizza nun aus dem Ofen nehmen und mit Basilikum garnieren.

Blumenkohl-Hackfleisch-Auflauf

Zutaten

400 g Blumenkohl
300 g Hackfleisch, gemischt
50 g Zwiebeln
20 g Butter
200 ml Sahne, 30% Fett
1 TL Rinderbouillon, instant
80 g Emmentaler, gerieben
Salz und Pfeffer
Muskat

Zubereitung

Kochzeit: ca. 30 Min.

Blumenkohlröschen in kochendem Salzwasser für ca. 5 Minuten blanchieren, damit der Blumenkohl noch Biss hat.
Die Röschen in Hälften schneiden und auf dem gut gebutterten Boden der Auflaufform verteilen.

Das Hackfleisch in einem Topf mit den klein gehackten Zwiebeln vermischen und gut mit Salz und Pfeffer abschmecken. Danach die Hackfleischmasse auf den Blumenkohl legen.

In die Sahne 1 TL Rindsbouillon, Salz, Pfeffer und Muskat sowie die Hälfte des geriebenen Emmentalers rühren. Diese Mischung dann auf dem Auflauf verteilen.

Bei 200 °C 25 Minuten im vorgeheizten Ofen backen lassen. Nach der ersten Hälfte der Backzeit, sollte der restliche Emmentaler darüber gestreut werden und danach fertig gebacken werden. So erhalten Sie eine schöne Käsekruste.

Low Carb Brot

Zubereitungszeit: 10 Minuten

Zutaten für 2 Portionen

- 35 g Weidebutter
- 1 Prise Meersalz
- 1 großes Bio-Ei
- 25 g Kartoffelfasern
- 25 g Mandelmehl

Zubereitung

1. Die Butter in der Mikrowelle schmelzen und mit den restlichen Zutaten zu einem Teig vermengen.
2. Den Teig in eine kleine ofenfeste Form füllen und in der Mikrowelle 2-3 Minuten auf der höchsten Stufe backen.
3. Danach herausnehmen und genießen.

Mandel-Brot

Zubereitungszeit: 60 Minuten

Zutaten für 1 Brot

- 250 g griechischer Joghurt
- 6 Bio-Eier
- 1 Prise Meersalz
- 125 g gemahlene Mandeln
- 50 g Sonnenblumenkerne
- 45 g geschroteter Leinsamen
- 2 TL Backpulver
- 2 EL Flohsamenschalen

Zubereitung
1. Den Backofen auf 180°C vorheizen. Eine Brotform einfetten.
2. Den Joghurt mit Eiern und Salz verrühren. Dann Mandeln, Kerne und Leinsamen dazugeben und verrühren.
3. Das Backpulver mit den Flohsamen nach und nach unterrühren und den Teig 10 Minuten quellen lassen.
4. Nun den Teig in die Form füllen und etwa 45 Minuten backen. Danach aus dem Ofen nehmen und in der Form kurz abkühlen lassen. Aus der Form

stürzen und auf einem Kuchengitter vollständig auskühlen lassen.

Ketogener Tofu mit Nusskruste und Avocadocreme

Zutaten für zwei Personen

300 g Tofu

1 Knoblauchzehe

2 Schalotten

1 EL Olivenöl

Meersalz

schwarzer Pfeffer

2 TL Hefebrotaufstrich

15 g Walnusskerne

1 EL Semmelbrösel

1 Bio-Zitrone

0,3 Chiliflocken

0,5 Avocado

0,5 Bund frischer Koriander

Zubereitung

Zunächst schneidest du den Tofu in zwei gleich große Stücke. Danach pellst du den Knoblauch und die Schalotten und schneidest diese klein. Das du ihn von beiden Seiten goldbraun brätst. Wenn der Tofu goldbraun ist, nimmst du ihn heraus und dünstest den Knoblauch und die Zwiebeln im Bratfett an.

Den Tofu lässt zunächst etwas abkühlen, bevor du ihn auf einer Seite mit der Hefepaste bestreichst. Anschließend mischst du die feingehackten Wallnüsse mit den Semmelbröseln. Danach wäschst du die Zitrone ab, raspelst eine feine Schicht der Schale ab und presst den Saft heraus.

Von der Zitronenschale rührst du ½ TL unter die Nuss-Brösel-Mischung, und gibst Chili, Salz und etwas Pfeffer dazu und mischst es gut durch. Die Tofu Stücke legst du dann wieder in die Pfanne und verteilst die Knuspermischung darauf. Schließlich deckst du die Pfanne zu und lässt es bei geringer Hitze etwas durchziehen.

Jetzt halbierst du die Avocado und löst den Stein heraus. Danach hackst du den Koriander in feine Stücke und streust etwas davon auf den Tofu. Zuletzt pürierst du das Avocado-Fruchtfleisch mit dem Koriander, Salz, Pfeffer und Zitronensaft und gibst es zum Tofu.

Nährwertangabe für das Rezept

Kcal	Kohlenhydrate	Eiweiß	Fett
330	6 g	17 g	26 g

Keto Kokosnussbrot

Zutaten
60 g **Kokosnussmehl**

¼ TL Meersalz

¼ Backpulver

6 Eier

125 ml geschmolzenes Kokosnussöl

Zubereitung
- Den Ofen auf 175 ° C vorheizen.
- In einer mittelgroßen Schüssel die trockenen Zutaten vermischen.
- Langsam die nassen Zutaten in die trockenen Zutaten geben und verrühren, bis sie sehr glatt sind.
- Fetten Sie eine kleine Brot Form und füllen Sie ca. ⅔ voll mit dem Teig. Für 40-50 Minuten das Brot backen oder bis ein Zahnstocher sauber herauskommt.

Übersicht 1 Portion = 1 Scheibe
Netto-Kohlenhydrate: 2% (1 g)
Faser: 3 g
Fett: 86% (12 g)
Protein: 12% (4 g)
kcal: 128

Keto Getreide

Zutaten:

- ½ Tasse Sonnenblumenöl Seed butter
- ¼ Tasse Hanf-Herzen
- 1 Tasse geraspelte ungesüßt Kokosnuss
- ¼ Tasse Kokosmilch
- 1-2 EL Kakao Pulver
- ¼ TL Salz
- ½ Tasse Chiasamen
- ¼ Tasse Zucker Ahornsirup
- ¼ Tasse Wasser

Schritt:

(1) um die Sonne Butter zu machen, stellen Sie die Sonnenblumenkerne in einer Küchenmaschine und Prozess entfernt für ein paar Sekunden. Hanf-Herzen, Kokosraspeln, Kakaopulver, eine Prise Salz und Prozess für nur noch 3 Sekunden hinzufügen.

2. die Chia Samen, Kokos Milch, Sirup (oder Stevia), Wasser und Prozess für ca. 7-8 Sekunden hinzufügen. Lassen Sie diese sitzen für etwa 15 Minuten.

3. in der Zwischenzeit den Backofen auf 275 F. Divide die Mischung in zwei Hälften. Jede Hälfte wird ein Tablett füllen. Auch die Mischung aus. Stellen Sie sicher, daß Sie das Tablett mit Backpapier kleben zu vermeiden. Der Teig sollte etwa ¼ cm-denken sein. Sie

können entscheiden, um ein Nudelholz zu verwenden, bevor Sie den Teig in der Taskleiste platzieren.

(4) 15 Minuten backen. Einmal kühlen Sie ab, schneiden Sie es in ein kleines Quadrat.

5. servieren Sie mit vollfetter Joghurt oder Kokosmilch und Top off mit Beeren.

Auberginen Seeteufel Spießchen

Zutaten für 4 Portionen

- ☐ 500 g Seeteufelfilet
- ☐ 1 mittelgrosse Aubergine
- ☐ 2 EL Zitronensaft

Marinade:

- ☐ 4 EL Dijonsenf
- ☐ 4 EL Olivenöl
- ☐ 2 durchgepresste Knoblauchzehen
- ☐ 1 Zweiglein Rosmarin, Nadeln abgestreift und fein gehackt
- ☐ Pfeffer aus der Mühle

Zubereitung:

1. Das Fischfilet kalt abspülen und in 4 cm große Stücke schneiden. Die Fischstücke mit der Marinade bepinseln und im Kühlschrank 1 bis 2 Stunden marinieren. Anschließend mit Küchenpapier trocken tupfen.
2. Bei der Aubergine die Enden kappen und der Länge nach halbieren. Die Fruchthälften in etwa 2 cm dicke Scheiben schneiden und sofort mit Zitronensaft beträufeln, damit sich das Fruchtfleisch nicht braun verfärbt.

3. Die Fischstücke und die Auberginenscheiben abwechslungsweise auf Spießchen stecken.
4. Die Fisch-Auberginen-Spießchen auf Alufolie bei mittlerer Hitze 6 bis 8 Minuten grillen, nach halber Grillzeit wenden.

Eier Hackpfanne

Zutaten:

5 Eier
125 g Tomaten
125 g Paprika (etwa eine halbe grüne Paprika)
30 g **Pinienkerne**
120 g Hackfleisch
40 g **Kokosöl** zum Anbraten
½ TL **Meersalz**
Prise **Pfeffer**
Rosmarinpulver
Paprikagewürz

Zubereitung:

Pfanne mit ein wenig Kokosöl auf dem Herd erhitzen.
Pinienkerne in die heiße Pfanne geben.
Darin anrösten, bis sie schön bräunlich sind.
Das Hackfleisch in die Pfanne zugeben.
Alles gründlich vermengen.
Mit Salz und Pfeffer abschmecken.
Die Tomaten waschen und in kleine Würfel schneiden.
Die Würfel ebenfalls in die Pfanne geben.
Alles nochmals gründlich vermischen und durchbraten.
Öfter umrühren.
Sobald das Hack durchgebraten ist, die Eier zugeben.
Nun mit Rosmarinpulver und Paprikagewürz abschmecken und ggfs. mit Salz und Pfeffer nachwürzen.
Fertig zum Servieren.

8-Hähnchenbrustfilet mit Rosenkohl

Zutaten

400	g		Hähnchenbrustfilet
400	g		Rosenkohl
40	g	Mais,	Dose
1	EL		Olivenöl
1	TL	Thymian,	gerebelt

Meersalz
Pfeffer

Zubereitung

1-Hähnchenbrustfilet waschen und trocken tupfen
2-Fleisch mit Thymian und Salz ganz einreiben
3 - Öl in einer Pfanne erhitzen und Filet von beiden Seiten goldbraun braten, bis es durchgegart wird.

4-Rosenkohl putzen und in einer Schüssel mit ein wenig Wasser und Dämpfeinsatz Minuten zugedeckt garen
5- Mais sieben und abtropfen lassen.
6-Hähnchenbrustfilet mit Salz und Pfeffer würzen, aus der Pfanne nehmen und zusammen mit Rosenkohl und Mais auftischen.

Gurkensalat mit Lachs

Zubereitungszeit: 10 Minuten

Zutaten für 4 Portionen

- 300 g Salatgurke
- 175 g geräucherter Lachs
- 45 g Schmand
- 125 g Joghurt
- Meersalz, Pfeffer
- Frischer Dill

Zubereitung

Die Gurke schälen, entkernen und klein würfeln. Den Lachs zunächst in dünne Scheiben, dann in feine Streifen schneiden. Nun beides in eine Schüssel geben. Den Schmand mit Joghurt, Salz und Pfeffer mischen. Den Dill klein hacken und zugeben. Die Creme in die Schüssel zum Lachs und den Gurken geben, vorsichtig verrühren und für 4-5 Stunden im Kühlschrank ziehen lassen.

Keto Chicken Salat (4 Portionen)

Zutaten
450 g Hühnerbrust / Filets

30 g Butter

225 g Speck

110 g Kirschtomaten

275 g Römersalat

Prise Salz und Pfeffer

Knoblauchmayonnaise
175 ml Hausgemachte Mayonnaise

½ EL Knoblauchpulver

Zubereitung
- Hausgemachte Mayonnaise und Knoblauchpulver in einer kleinen Schüssel mischen und beiseite stellen.
- Die Speckscheiben in Butter knusprig anbraten. Herausnehmen und warm halten. Das Fett in der Pfanne lassen und die kleingeschnitten Hähnchen Streifen gewürzt mit Salz und Pfeffer im selben Fett anbraten
- Den Salat waschen und zerkleinern

- Den Salat auf einen Teller legen und mit Hühnchen Streifen, Speck, Tomaten und einem herzhaften Klecks Mayonnaise garnieren.

Übersicht pro Portion
Netto Kohlenhydrate: 2% (4 g)
Faser: 2 g
Fett: 85% (78 g)
Protein: 13% (28 g)
kcal: 837

Käse-Sahne-Pfannkuchen

Zutaten:

- 2 Unzen Frischkäse
- 1 El Kokosnussmehl
- 2 große Eiern
- ½ TL Zimt
- 1/2 bis 1 Paket von Stevia

Schritte:

1. Mischen Sie alle Zutaten: bis einen glatten Teig entsteht erreicht.
(2) eine Antihaft-Pfanne mit ungesalzene Butter bei mittlerer Hitze erwärmen. Sie können auch Kokosöl.
3. Teig in die Pfanne geben. Kochen Sie für ca. 40 Sekunden auf jeder Seite.
4. top mit Ahornsirup zuckerfrei. Sie können auch 1 Teelöffel Butter, hinzufügen.

Gegrillter Schwertfisch mit Kräutermarinade

Zutaten für 4 Portionen:

- ☐ 1 Bund Dill
- ☐ 1 Bund Kerbel
- ☐ 4 EL Öl
- ☐ 2 EL Zitronensaft
- ☐ 4 Schwertfischsteaks (á 250 g)
- ☐ frisch gehackter Thymian zum Servieren

Zubereitung:

1. Dill und Kerbel waschen, trocken schütteln und die Blättchen hacken.
2. Mit Öl und Zitronensaft verrühren.
3. Schwertfischsteaks waschen, trocken tupfen und in der Marinade etwa 1 Stunde einlegen.
4. Fisch aus der Marinade nehmen, abtropfen lassen und unter dem heißen Grill von jeder Seite etwa 4 Minuten grillen.
5. Mit gehacktem Thymian bestreut servieren.
6. Dazu passt geschmortes Gemüse.

Thunfisch-Salat

Zutaten:

1 Dose Thunfisch in Öl
2 **Eier** (hartgekocht)
250 g **Tomaten**
½ **Zitrone**
3 EL Olivenöl
1 kleine rote Zwiebel
2 EL **Oliven**
200 g grünen Salat
2 EL **Mais** (nach Geschmack)
Salz, Pfeffer

Zubereitung:

1. Topf mit Wasser auf dem Herd zum Kochen bringen.
2. 2 Eier hineinlegen und ca. 8 Minuten lang hart kochen.

3. Salat waschen und putzen.
4. In mundgerechte Stücke zerteilen und in eine Schüssel geben.
5. Zwiebeln schälen, halbieren und in feine Streifen schneiden.
6. Tomaten waschen und in kleine Würfel schneiden.
7. Zwiebel und Tomaten zu dem Salat geben und vermengen.
8. Eier schälen und vierteln. Wer möchte, kann diese auch in Scheiben schneiden.
9. Die Eier vorsichtig unter den Salat heben.
10. Oliven zu dem Salat geben.
11. Je nach Geschmack auch Mais zugeben.
12. Für das Dressing das Öl und den Zitronensaft in einem kleinen Gefäß vermischen.
13. Nun mit Salz und Pfeffer abschmecken.
14. Das Dressing über den Salat geben und gründlich vermengen.
15. Zum Schluss den Salat mit dem Dressing übergießen und gut vermengen.
16. Sodann den Salat auf einem Teller oder einer Schale servieren.

Keto Blumenkohl mit Eier und Poblano Paprika (2 Portionen)

Zutaten

450 g geriebener Blumenkohl

75 g Butter

Salz und Pfeffer

4 Eier

75 g Pimientos de Padron oder Poblano-Paprika

1 TL Olivenöl

125 ml Mayonnaise

1 TL Knoblauchpulver oder Zwiebelpulver (optional)

Zubereitung

- Mayonnaise und Knoblauch oder Zwiebelpulver in einer kleinen Schüssel vermischen und beiseite stellen.
- Reiben Sie den Blumenkohl, einschließlich des Stiels; entweder mit einer Reibe oder in kleine Stücke schneiden.
- Den geriebenen Blumenkohl etwa fünf Minuten in reichlich Butter oder Öl braten. Mit Salz und Pfeffer abschmecken.

- Die Poblanos mit etwas Öl bestreichen und in einer Pfanne oder auf dem Grill anbraten für 2-3 Minuten.
- Die Eier ebenfalls ein eine Pfanne geben und zum Spiegel werden lassen. Mit Salz und Pfeffer würzen.
- Mit gerösteten Poblanos und Blumenkohl servieren und als Topping einem schönen Klecks der Hausgemachten Mayo.

Übersicht pro Portion
Netto-Kohlenhydrate: 4% (9 g)
Faser: 6 g
Fett: 88% (87 g)
Protein: 8% (17 g)
kcal: 898

Low Carb Protein-Pancakes

2 Portionen

Vorbereitung 5 Minuten

Zubereitung 15 Minuten

2 Eier

40 g Butter

30 g Proteinpulver Vanille

1 Banane

5 EL gemahlene Mandeln oder Mandelmehl

1-2 EL Xucker

Brise Zimt

Die Eier in einer Schüssel verquirlen und die Banane mit einer Gabel zerdrücken.

Proteinpulver, Xucker, Mandeln oder Mandelmehl hinzugeben und mit dem Stabmixer kurz durchmixen.

Mit Zimt abschmecken.

Butter in einer Pfanne erhitzen und mit einer mittleren Schöpfkelle etwas Teig hinzugeben. (Beim ersten Mal

evtl. Einen kleinen Probepfannkuchen backen, bei Bedarf etwas mehr Mandeln oder Mandelmehl hinzugeben. Jeder mag es etwas anders.)
Pfannkuchen von beiden Seiten goldgelb backen.

Servieren

Tipp: Schmeckt am besten mit Frucht-Skyr

Peri-Peri saftige Hähnchensalat

Zutaten:

- 2 Tassen Baby-Spinat
- Avocado
- Hähnchenbrust
- Low Natrium Speck (1 Stück)
- 1 Esslöffel Peri Peri Sauce

Schritte:

(1) kochen Sie das Stück Speck in einer Pfanne, bis es knusprig ist. Bereiten Sie die Hähnchenbrust. In kleine mundgerechte Stücke schneiden. 6 Minuten garen Sie das Huhn in den restlichen Speck in der Pfanne.

(2) schneiden Sie die Avocado in Scheiben, hacken Sie, den Speck und reißen Sie den Spinat zu. Legen Sie sie in eine große Schüssel geben.

3. das Huhn und die Peri Peri Sauce hinzufügen.

Low Carb Curry Chicken

Für 3 Personen

Zutaten: 1 Esslöffel Pfeilwurzpulver, 1 Esslöffel Zitronensaft, 1 Esslöffel Apfelessig, 1/4 Teelöffel gemahlene Nelken, 2 Teelöffel gemahlener Kreuzkümmel, 2 Teelöffel Currypulver, 2 Esslöffel Knoblauchpulver, 1/2 Teelöffel gemahlener Ingwer, 1/2 Teelöffel reine flüssige Stevia, 1/2 kleine Zwiebel , gewürfelt 3 mittelgroße gefrorene Hähnchenbrust

Zubereitung:
1. Fügen Sie alle Zutaten in Ihre Topf und dann rühren, um das Huhn mit den Gewürzen zu mischen. Sie können bei Bedarf eine Tasse Wasser hinzufügen.
2. Kochen sie das Huhn auf Fleisch Einstellung für 40 Minuten. Legen Sie das Huhn vorsichtig auf einen Teller und zerkleinern Sie es.
3. Geben Sie Pfeilwurzpulver in die Flüssigkeit, die sich im Topf befindet, um es zu verdicken, und rühren Sie anschließend kontinuierlich, um Klumpen zu entfernen.
4. Geben Sie das geschnetzelte Hühnchen in die Sauce und servieren Sie es über dem Blumenkohlreis.
5. Verfeinern Sie es mit Pfeffer und etwas Salz, wenn Sie mögen.

Nährwertangaben pro Portion: Kalorien 153.0, Fett 2.8g, Kohlenhydrate 8.6g, Protein 18.7g

Ketogenes Butter – Brot

Arbeitszeit: ca. 5 Min.
ca. 58 g Fett, ca. 14 g Eiweiß, ca. 4 g Kohlenhydrate

Zutaten (1 Person)
30 g Mandelmehl
30 g Butter
20 g Kartoffelfasern (Low Carb)
1 mittelgroßes Ei
1 Prise Salz
1 EL Butter

Zubereitung
Geben Sie die Butter in eine Schale und schmelzen Sie sie vollständig in der Mikrowelle. Dann in eine Schüssel umfüllen und dort mit den anderen Zutaten zu einem glatten Teig verkneten. Den Teig in eine für die Mikrowelle geeignete Form drücken und etwa 2 Minuten auf höchster Stufe darin backen.
Abkühlen lassen und lauwarm mit Butter bestreichen, dass diese noch schön schmilzt.
Guten Appetit!

ketogenes Vanilleeis mit Beerengrütze

450 ml Schlagsahne

5 Eigelbe

150 g Erythrit

1 Teelöffel Bourbon Vanille

1 Fläschchen Vanillearoma

Den Teelöffel Bourbon Vanille und das Fläschchen Vanillearoma vermengen und in die Eismaschine geben, wenn keine Eismaschine vorhanden, dann in ein Gefäß und ins Eisfach stellen, alle 20 min. die Masse umrühren bis sie fest ist, Beerenmischung im Topf mit etwas Wasser erhitzen und mit Blattgelatine binden

Pancakes

2 Portionen

Zutaten:

1EL Kokosöl

30 g Frischkäse

etwas Zimt

4 Eier

Obst nach eigenem Geschmack

1. Alle Zutaten außer das Kokosöl zusammenfügen und mit Hilfe eines Handrührgeräts gut verrühren, bis ein glatter Teig entsteht.

2. Das Kokosöl in einer Pfanne erhitzen und den Teig darin ausbacken.

3. Nach Belieben Beeren oder anderes Obst zu den Pancakes servieren.

Pikante Spinat-Muffins

Zutaten:

Für jeweils 4 Portionen
Spinat-Puten-Muffins:
1 EL Bratfett
200 g Putenfleisch in Scheiben
½ rote Paprikaschote, Samen und Scheidewände entfernt
80 g Champignons, geputzt und in Scheiben geschnitten
80 g Babyspinat, klein gehackt
8 Eier
Salz und **Pfeffer**
getrockneter **Oregano**

Zubereitung:

1. Backofen vorheizen auf 200 ° Umluft.
2. Muffinformen oder Muffinblech ausfetten oder Muffin-Einmal-Papier nutzen.
3. Putenfleisch in dünne Streifen schneiden.
4. Paprika waschen, zerteilen und Kerne entfernen.
5. Dann Paprika in Würfel zerschneiden.
6. Pilze säubern und in Scheiben schneiden.
7. Pfanne mit Fett auf dem Herd erhitzen.
8. Die Pilze sowie die Paprika und das Fleisch in die heiße Pfanne geben.
9. Zwischenzeitlich den Spinat klein zerhacken.
10. Wenn die Pilz-Mischung leicht angebräunt ist, den Spinat zugeben und alles gründlich verrühren.
11. Die Mischung nun einige Minuten anbraten.
12. In einer Schüssel die Eier aufschlagen und gut verquirlen.
13. Salz, Pfeffer und Oregano unter die Eier mischen und gut verrühren.
14. Die Pfanne vom Herd nehmen und auf eine feuerfeste Unterlage stellen.
15. Die Ei-Masse nun in die Pfanne geben und alles gut vermengen.
16. Die Ei-Pilz-Fleisch-Mischung nun in die Muffinformen verteilen.
17. Muffinformen in den Backofen geben und ca. 23 Minuten backen.

18. Muffins dann stürzen.
19. Muffins auf einem Teller servieren.

Avocado mit Füllung

Ganz einfach, lecker und garantiert sättigend ist dieses Rezept. Neben Gewürzen werden wirklich nur zwei Zutaten benötigt. Einfacher kann die ketogene Ernährung wirklich nicht mehr sein"

Zutaten:

- 1 Avocado, nicht zu klein
- 2 Eier

Zubereitung:

1. Die Avocado längs aufschneiden und vorsichtig den Kern entfernen. Die Hälften dann in eine Auflaufform geben.
2. In jede Hälfte in die Vertiefung ein Ei geben. Salzen und Pfeffern. Nach Wunsch auch mit etwas Chili bestreuen.
3. Für rund 10 bis 15 Minuten im Backofen bei ungefähr 180 Grad backen bis das Ei durch ist.

Thunfisch-Salat mit Avocado

Zubereitungszeit: 20 Minuten

Zutaten für 2 Portionen

- 2 große Bio-Eier
- 90 g roter Eichblattsalat
- 160 g Avocado
- 10 g frische Zwiebel
- 6 kleine grüne Oliven
- 90 g Thunfisch
- 1-2 EL Olivenöl
- 2 EL Balsamico

Zubereitung

1. Die Eier in 8-10 Minuten hart kochen.
2. Die Salatblätter grob zerrupfen und in eine Salatschüssel geben.
3. Die Avocado würfeln und auf den Salat geben.
4. Die Zwiebel schälen, hacken und mit den Oliven in die Schüssel geben.
5. Den Thunfisch in einem Sieb abtropfen lassen und in kleinen Stücken in die Schüssel geben.

6. Die Eier schälen, klein schneiden und auf dem Salat verteilen. Nun alles mit Öl und Essig beträufeln und gut vermengen.

Gegrillter Fisch mit Zucchini und Pesto (4 Portionen)

Zubereitung
Grünkohl-Pesto

75 g Grünkohl

3 EL Zitronensaft oder Limettensaft

50 g Walnüsse

1 Knoblauchzehe

½ TL Salz

¼ TL gemahlener schwarzer Pfeffer

175 ml Olivenöl

Fisch und Zucchini
2 Zucchini

1 EL Zitronensaft

½ TL Salz

2 EL Olivenöl

650 g weißer Fisch (aufgetaut bei Raumtemperatur, wenn gefroren)

¼ TL gemahlener schwarzer Pfeffer

Zubereitung

- Beginnen Sie mit der Zubereitung des Pesto, indem Sie den Grünkohl grob zerkleinern. Den Grünkohl, die Walnüsse, die Limette und den Knoblauch in einen Mixer glatt pürieren. Mit Salz und Pfeffer würzen. Fügen Sie das Öl gegen Ende hinzu. Beiseite legen.
- Die Zucchini und waschen, schneiden und in dünne Scheiben schneiden. Die Scheiben in eine Schüssel geben. Mit Salz und Pfeffer abschmecken und mit Zitronensaft und Olivenöl durch ziehen lassen. Beiseite legen.
- Den Fisch auf beiden Seiten salzen und einige Minuten ruhen lassen. Überschüssige Flüssigkeit abwischen und mit Öl bestreichen.
- Grillen oder braten Sie den Fisch für einige Minuten auf jeder Seite. Pfeffer hinzufügen und zusammen mit Zucchini und Pesto servieren.

Übersicht pro Portion
Netto Kohlenhydrate: 3% (7 g)
Faser: 3 g
Fett: 77% (67 g)
Protein: 19% (38 g)
kcal: 778

Selbstgemachte Mayonnaise für 4 Portionen

Zutaten:

1 Eigelb

1 EL Dijon-Senf

240 ml Avocadoöl oder leichtes Olivenöl

2 TL Weißweinessig oder Zitronensaft

Zubereitung:

Ei und Senf in einer Schüssel mit einen Mixer vermischen, füge Öl tropfenweise hinzu. Die Mischung müsste jetzt dickflüssiger werden, gebe soviel Öl hinzu sie die richtige Konsistenz hat.Dann Essig und Zitronensaft dazugeben. Salz und Pfeffer dazugeben. Schmecke die Mayonnaise ab, falls notwendig nachwürzen. Vor dem Servieren im Kühlschrank ziehen lassen, dadurch wird zudem noch schmackhafter und dickflüssiger.

Low Carb Schokocreme

Nährwerte:
Kohlenhydrate: 2 g
Fett: 10 g
Protein: 3.5 g
kcal: 114.3
Vorbereitungszeit:
5 Minuten
Kochzeit:
5 Minuten
Zutaten (1Glas):
(1 Person)

240 g Haselnüsse (gemahlen)
100 ml Mandelmilch (ungesüßt)
60 g Erythrit
40 g Backkakao
1 EL Vanilleextrakt
Zubereitung:

1.) Vermenge Sie als erstes alle trockenen Zutaten miteinander.

2.) Rühren Sie anschließend die Mandelmilch sowie den Vanilleextrakt unter und fülle Sie die fertige Low Carb Schokocreme z.B. in ein Einweckglas.

Nussiger Joghurt (Vegetarisch)

217 kcal | 5g Kohlenhydrate | 7g Protein | 18 g Fett

Zutaten für 1 Portion:

100g türkischer oder griechischer Joghurt
1 TL Frischkäse
1 TL gehackte Mandeln
1 TL gehackte Walnüsse
1/2 Prise Salz

Zubereitung:

Als Erstes, die Walnüsse und Mandeln in einer Pfanne anrösten.

Anschließend den Joghurt mit dem Frischkäse verrühren und mit Salz abschmecken.

Zum Schluss die gerösteten Nüsse unterheben.

Rinderfilet mit Cäsar Salat

2 Portionen

Vorbereitung 20 Minuten

Zubereitung 25 Minuten

250 g, Rinderfilet (1,5 cm dick)

Salz und Pfeffer

2 TL Rapsöl

400 g kleine Kopfsalatherzen

4 EL Gemüsebrühe

Chiliflakes

100 g Cocktail-tomaten

80 g Naturjoghurt (0,1 % Fett)

2 TL Weißweinessig

20 g geriebener Parmesan

20 g Kapern

2 TL Schnittlauchröllchen

1. Backofen auf 100 Grad vorheizen. Ofengitter mit einer Fettfangschale darunter auf die mittlere Schiene schieben. Die Filets salzen, pfeffern und im Öl in einer Pfanne auf beiden Seiten scharf anbraten. Herausnehmen, abtupfen und auf dem Gitter im Ofen 15 bis 20 Minuten gar ziehen lassen.

2. Die Kopfsalatherzen putzen, waschen, trocken tupfen und der Länge nach vierteln. In der noch heißen Pfanne bei schwacher Hitze rundum 2 Minuten braten. Brühe dazugeben und weitere 2 Minuten garen. Mit Salz, Pfeffer und Chiliflakes würzen. Die Tomaten waschen und halbieren.

3. Joghurt, Essig und Parmesan verrühren, mit Salz und Pfeffer würzen. Rinderfilet dünn aufschneiden und mit den Kopfsalatherzen und den Tomaten auf einem Teller anrichten. Dressing darüber geben und alles mit Kapern und Schnittlauch bestreuen.

Thunfisch und Avocado Bites

Zutaten:

- 10 Unzen Dosen Thunfisch
- 1 mittlere Avocado
- 1/3 Tasse Mandeln Mehl
- 1/4 Tasse Mayonnaise
- ½ Tasse Kokosöl
- 1/4 Tasse Parmesan-Käse
- 1/2 Teelöffel Knoblauchpulver
- 1/4 Teelöffel Zwiebelpulver
- Salz und Pfeffer nach Geschmack

Schritte:

1. Ablauf der Dose Thunfisch Nd legen den Inhalt in eine Schüssel. Fügen Sie den Käse, Mayonnaise und den Gewürzen. Mischen Sie gut.

2. Fügen Sie die in Scheiben geschnittene Avocado auf die Mischung. Achten Sie darauf, dass Sie nicht es zu zerdrücken.

3. einige Bällchen, mit dieser Mischung und Dump die auf Mandel-Mehl.

4. Erhitzen Sie das Kokosnuss-Öl. Wenn es heiß genug ist, die Thunfisch-Kugeln hinzufügen und anbraten. Aus der Pfanne nehmen und mit Mayo-Dip servieren.

www.ingramcontent.com/pod-product-compliance
Lightning Source LLC
Chambersburg PA
CBHW071451070526
44578CB00001B/301